Schlank im Schlaf durch vertiefte Entspannung

ECON Ratgeber

Alfred Bierach

Schlank im Schlaf durch vertiefte Entspannung

Die SIS-Methode

ECON Taschenbuch Verlag

Aktualisierte Ausgabe

Lizenzausgabe April 1984

Umschlagentwurf: Ludwig Kaiser
Titelfoto: Krista Boll, Michael Fiala
Druck und Bindearbeiten: Ebner Ulm
Printed in Germany
ISBN 3 612 20008 9

Inhalt

Warum schlank werden?

Gesundheit und Schönheit sind nicht
Geschenke der Natur, sondern Güter,
um die man ein Leben lang kämpfen muß.

Gesundheit ist nicht alles, aber ohne Gesundheit ist alles nichts. Bitte, denken Sie dieses Wort eines Weisen zu Ende: ohne Gesundheit bedeutet plötzlich alles nichts mehr, was uns so wichtig erschien: Auto, Wohnung, Möbel, ein dickes Konto, Titel und die Beförderung des Schwiegersohns.
Ein gesunder Körper, zu dem auch eine gesunde Psyche gehört, ist die Voraussetzung für geistig-seelisches Glück und für körperlichen Genuß.
Fettsucht ist eine Krankheit und die Mitursache vieler Krankheiten: Arterienverkalkung mit und ohne Herzinfarkt und Gehirnschlag, Diabetes, Arthrosen, Gallen- und Nierenerkrankungen, Beinleiden usw.
Dicke Menschen sind ihrem Körper hörig und vernachlässigen ihn gleichzeitig sträflich. Eigenartig, wenn ohne Gesundheit alles nichts ist, warum behandeln dann Millionen Menschen ihren Körper wie das unbedeutendste Mauerblümchen? Warum so viele rote Köpfe und fliegender Pulsschlag bei den banalsten Fragen, zum Beispiel, welcher Verein am Sonntag gewinnt oder ob die Mehrzahl der Männer auf Mini oder Maxi steht?
Ich habe wiederholt Patientinnen angetroffen, denen ein Kompliment über ihren Kuchen oder über ihre Vorhänge mehr zu bedeuten schien als eine passable Figur und ein gelungenes Gesicht.
Es ist eine Tatsache: jeder zweite Bundesbürger leidet

an Übergewicht. Sicherlich können auch Sie Ihre Bekannten in zwei Gruppen einteilen: in die Glücklichen, die essen dürfen, was sie wollen, ohne zuzunehmen. Und die Unglücklichen, welche die Qualen einer Fastenkur vor sich oder hinter sich haben oder sich gerade mitten darin befinden. Sind Sie vielleicht darunter? Dann haben Sie wahrscheinlich schon einige Schlankheitskuren hinter sich und wiegen jetzt wieder einmal zuviel. Mir erging es jahrelang genauso. Auch ich habe für meine Gewichtsreduktion die schwierigste Methode gewählt: auf etwas zu verzichten – sei es auf Spaghetti, auf Alkohol, auf einen Schweinebraten oder auf sonst etwas.

Die SIS-Methode, die Sie nun kennenlernen, ist die erste und einzige Methode, die das Schlankwerden leicht macht. Sie brauchen auf die Dickmacher nicht mehr zu verzichten, weil Ihnen diese Dickmacher nach einiger Zeit gleichgültig geworden sind. Das können Sie sich nicht vorstellen? Denken Sie bitte einen Augenblick lang an einen Menschen, der Ihnen einmal sehr viel bedeutet hat und der Ihnen heute nichts mehr bedeutet. Hätten Sie es damals für möglich gehalten? Diese Änderung war möglich, weil sich Ihre Einstellung zu diesem Menschen geändert hat.

Die SIS-Methode verändert Ihre Einstellung zu den Dickmachern. Sie werden lernen, kurz vor dem Einschlafen Ihr Unbewußtes zu beeinflussen, damit Ihnen Dickmacher gleichgültig werden. Spielend nehmen Sie ab, und spielend bleiben Sie schlank. Die Beeinflussung des Unbewußten in vertiefter Entspannung – das ist im wesentlichen die SIS-Methode. Es gibt aber kaum

mehr einen Ärztekongreß, auf dem nicht Lehrgänge über vertiefte Entspannung durchgeführt werden. Die Methode ist im Kommen!
Die SIS-Methode ist wissenschaftlich erprobt, mit ihren Prinzipien arbeitet jede psychosomatische Universitätsklinik. Die SIS-Methode ist ungefährlich, wenn Sie die Anweisungen beachten.
Was hindert Sie eigentlich noch, spielend schlank zu werden und es spielend zu bleiben?

Zur Beachtung:

Die vertiefte Entspannung ist ungefährlich. Sie erhöht das Wohlbefinden des Übenden. Wichtige Voraussetzungen dafür sind:

a) sich gründlich aus dem Zustand der vertieften Entspannung zurückzuholen. Wie, das schildert dieses Buch genau. Wenn Sie dies versäumen sollten, müßten Sie damit rechnen, daß Sie sich einige Zeit dösig und müde fühlen, eventuell Kopfweh verspüren. Sonst kann Ihnen nichts passieren.
b) von sich aus keine Experimente zu machen, sondern sich weitgehend an die empfohlenen Übungen zu halten.
c) Methoden der Beeinflussung des Körpers durch Beeinflussung des Unbewußten sind ungeeignet für Menschen mit einer hysterischen Charakterstruktur, für Psychotiker, insgesamt für Personen mit auffallendem, demonstrativen Benehmen.

Obwohl in den USA die Gesundheitsbehörden wesentlich mehr Einfluß haben als in Deutschland und nordamerikanische Gerichte bei vorsätzlicher oder fahrlässiger Körperverletzung zehn- bis zwanzigfach höhere Entschädigungen festsetzen, enthält keines der nordamerikanischen Bücher über Versenkungsmethoden, die ich kenne, eine Warnung wegen einer möglichen gesundheitsschädlichen Wirkung.

Sollten Sie aber irgendwelche Zweifel oder Bedenken haben, zeigen Sie diese Schrift Ihrem Arzt, oder fragen Sie ihn, ob er Sie für Autogenes Training geeignet hält. Bejaht er diese Frage, können Sie unbedenklich die SIS-Methode anwenden: das Autogene Training stellt einen viel tieferen Eingriff in Ihren Organismus dar als die SIS-Methode.

1. Teil
Die Methode

Eine Begegnung, die mein Leben veränderte

Es war im Speisewagen zwischen New York und Chicago. Ich hatte in Washington an einem Kongreß teilgenommen und fuhr zu amerikanischen Freunden nach Indiana. Ich kannte Billy und Paula schon seit zehn Jahren, genau gesagt von den Tagen her, als er mit der US-Armee nach Deutschland gekommen war. Ich saß allein an einem Zweiertisch und wartete auf den ersten Gang. Lautlos servierten die schwarzen Kellner das Diner. Ein friedvoller alles vergoldender Herbstabend fiel ins grüne Tal des Hudson. Nach einem langen Blick auf die malerische Parklandschaft griff ich wieder zur Zeitung.
Ich merkte, daß ein Ober an meinen Tisch getreten war: aber nicht, um mir das Essen zu bringen, sondern um einen Herrn zu seinem Platz zu geleiten. Mein zukünftiger Tischnachbar war groß und schlank. Erst als er saß, blickte ich ihm ins Gesicht und war baß erstaunt: auf einem sportlich-gelenken Körper saß der Kopf eines Siebzigjährigen.
Wir kamen ins Gespräch. Sinnigerweise redeten wir über einem reichlichen Mahl vom Hunger in weiten Teilen der Welt. Mit einem Lächeln sagte er: »Meine Spezialität ist der Kampf gegen das Hungern und gegen das Dickwerden.«
»Wie soll ich das verstehen?«
Er stellte sich vor: Clairborne Waterhouse, Doktor der Psychologie. Er kam gerade von einer Vortragsreise

durch die Südstaaten zurück. Das Thema seiner Vorträge: Gewichtsreduktion durch vertiefte Entspannung: Schlankwerden im Schlaf = SIS.

»In Dutzenden von nordamerikanischen Städten gibt es SIS-Klubs«, sagte er, »Klubs für S(chlankwerden) I(m) S(chlaf).«

»Schlankwerden, so einfach im Schlaf?« fragte ich.

»Genau gesagt, in einer Art Halbschlaf, nämlich in vertiefter Entspannung.«

Ich wog damals um fünfzehn Kilo zuviel. Unwillkürlich mußte ich auf die Wölbung meines Bauches schauen. Dr. Waterhouse hatte es gesehen. Mit dem Freimut des um vierzig Jahre Älteren sagte er:

»Auch in Deutschland ißt man zuviel, zu fett und zu süß. Und dabei behaupten die Leute meist, sie äßen wie ein Vogel. Stimmt! Wie ein Aasgeier! In den westlichen Ländern stirbt jeder Dritte an ernährungsabhängigen Erkrankungen.«

Ich kam sehr spät in mein Schlafwagenabteil. Dr. Waterhouse erzählte mir vieles über sich und seine Methode: SIS.

So groß Nordamerika auch sonst sein mag, Dr. Waterhouse wohnte nur wenige Meilen von meinen Freunden entfernt, bei denen ich meinen Urlaub verbringen wollte. Mein neuer Bekannter lud mich ein, ihn zu besuchen. Er würde mich umsonst behandeln, wenn ich eine seiner Arbeiten ins Deutsche übersetzen wollte. Ich schlug ein.

Was mir Waterhouse über Schlanksein und Dickwerden damals im fahrenden Zug erzählte, läßt sich etwa so zusammenfassen: Wieviel Energie ein Mensch braucht,

ist verschieden. Ein Arzt untersuchte die Schüler eines Internats und teilte sie in drei Gruppen ein: A, die Kleinen, Untersetzten, B, die Normalgebauten, C, die Langen, Schlanken.
Ein Jahr lang wurden die Essensgewohnheiten genau beobachtet, was in einem Internat besonders leichtfällt. Am Ende eines Jahres veröffentlichte der Arzt in einer wissenschaftlichen Zeitschrift ein äußerst überraschendes Resultat: die Kleinen, Untersetzten, Dicklichen aßen am wenigsten, die Langen, Schlanken am meisten.
Wissenschaftler einer amerikanischen Universität bemerkten, daß verschiedene weiße Mäuse eines Stammes dicker waren als die anderen. Sie sonderten die fetten Tiere von den mageren ab. Die Jungen der fetten Eltern wurden wieder dick.
Nun setzte man die neue dicke Generation auf eine Schlankheitsdiät, und dies genau vor der Brunst. Die Mäuse magerten ab, ihre Jungen aber wurden wieder dick.
Was den Wissenschaftlern auffiel: die dicken Mäuse fraßen lieber als die schlanken. Nun, das war zu erwarten gewesen. Aber mit einem weiteren Versuch gewannen die Wissenschaftler eine neue überraschende Erkenntnis.
Sie fügten dem Fressen der schlanken Mäuse Chinin bei, eine extrem bittere Substanz. Drei Tage lang fraßen die schlanken Mäuse nur etwa ein Zehntel dessen, was sie sonst gefressen hatten. Dann fraßen sie wieder so viel wie zuvor. Wie meinen Sie, ging das Experiment mit den dicken Mäusen aus?
Als die Nahrung der dicken Mäuse mit Chinin versetzt

wurde, nahmen diese Mäuse in den ersten Tagen auch ein Zehntel ihrer normalen Menge zu sich. Nach acht Tagen fraßen sie aber erst die Hälfte von dem, was sie früher verdrückt hatten. Schlußfolgerung: die schlanken Mäuse fraßen früher soviel, wie sie zum Überleben brauchten. Als sie sich an das bittere Chinin gewöhnt hatten, verzehrten sie weiterhin nicht mehr und nicht weniger, als sie zum Überleben benötigten. Die dicken Mäuse dagegen fraßen von der schmackhaften Nahrung mehr, als sie zum Überleben brauchten, weil sie ganz einfach gerne fraßen, also Freßtypen waren. Als ihnen der Geschmack des Fressens verbittert wurde, kamen sie mit der Hälfte der Nahrungsmenge aus. Es machte ihnen keinen Spaß mehr, zu fressen. Sie begnügten sich mit der Menge, die sie zum Überleben benötigten.

Und die interessanteste Schlußfolgerung: diese Veranlagung ist offensichtlich vererbbar.

Dickwerden ist ein Schicksal, gegen das man leicht und erfolgreich etwas unternehmen kann, nämlich mit SIS.

Skeptisch? Verständlich, wenn Sie wie ich damals schon so ungefähr alle Methoden versucht haben, die auf dem Markt der Schlankheitsmittel angeboten und empfohlen werden: Abführpillen, Appetitzügler, Fastensanatorien, Obst-, Reis-, Saft-, Sauerkraut-, Milch- und Harte-Eier-Tage. Alles umsonst.

Wenn Sie »alles« versucht haben, dann haben Sie das fast Unmögliche versucht. Sie wollten mit Willenskraft gegen liebgewordene Gewohnheiten angehen. Mit Willenskraft erreichen Sie gegen Gewohnheiten nichts. Eher noch das Gegenteil des Erstrebten. Dafür sorgt das Gesetz des Gegenteiligen Effekts. Es besagt, was jeder schon bei sich selbst feststellen konnte: Sagt man jemandem, er dürfe die nächsten drei Minuten nicht an seine Mutter denken, wetten wir, er wird öfter an diese Frau denken als sonst in vier Wochen. Versucht man, sechzig Sekunden lang nicht den Speichel hinunterzuschlucken, steigt die Speichelproduktion an, und nach wenigen Sekunden muß man zum ersten Mal schlukken.

Das Gesetz des Gegenteiligen Effekts hatte mir als Kind einmal eine gewaltige Tracht Prügel eingebracht. Als ich das Radfahren lernte, sah ich auf dem Bürgersteig einen Kinderwagen stehen. Offenbar hatte eine Mutter ihr Kind vor einem Laden abgestellt. Die Straße, auf der ich meine ersten Tretversuche machte, war so breit, daß ein Möbelwagen einen Omnibus hätte überholen können. Aber nein. Wie ein Magnet zog mich der Kinderwagen an. Nur nicht den Kinderwagen rammen, sagte ich mir. Aber je stärker ich an der Lenkstange riß, um so magischer zog mich die verdammte Babykutsche an. Es kam, wie es kommen mußte: die Straße war leer. Ich hätte Bogen, Achter, ich hätte alle Figuren der Radfahrkunst produzieren können, ich machte genau das, was ich nicht machen wollte: ich fuhr auf den Bürgersteig, rammte den Kinderwagen und lag den Bruchteil einer Sekunde später mit ausgestreckten Armen und Beinen neben dem brüllenden Baby. Die Mutter des Kindes stürzte aus dem Laden und schlug mit Fäusten auf mich ein. Als ich aufsprang, traf mich der Spazierstock eines Opas an der Schulter, der offenbar noch nie etwas vom Gesetz des Gegenteiligen Effekts gehört hatte.

Je mehr man sich vornimmt abzunehmen, um so ärger plagen einen die Gedanken ans Essen. Bei der ersten Streßsituation wirft man dann alle guten Vorsätze über Bord und ißt so tüchtig darauf los wie eh und je.
Die Kunst des Abnehmens und der Erhaltung der Idealfigur besteht aus drei Grundsätzen:

Erstens: Erkennen, wie viel Kalorien man benötigt. Das klingt einfach, ist es aber nicht.
Ich hatte einmal zwei Patientinnnen, Zwillingsschwestern, gemütliche Dickerchen, die zu mir kamen, um abzunehmen. Die beiden Schwestern arbeiteten als Sekretärinnen in derselben Firma. Sie teilten sich auch das Appartement. Jede paßte auf jede auf, vor allem, wenn es ums Essen ging. Sie standen zusammen auf, aßen zusammen in der Werkskantine, gingen um die gleiche Zeit schlafen und führten auch sonst den gleichen Lebensstil. Ideale Studienobjekte! Ich setzte sie beide auf eine 1200 Kaloriendiät.
Die eine hatte nach drei Monaten zwölf Pfund abgenommen, die andere wog zu meinem größten Erstaunen ein Pfund mehr als zu Beginn der Behandlung, dabei war auch in bezug auf die Tätigkeit der Drüsen kein Unterschied bei den Zwillingen festzustellen. Zum Glück sind diese paradoxen Erscheinungen sehr selten.
Professor Brauchle berichtete von einem noch eigenartigeren Fall.
Ein Arzt hatte in seinen Haushalt ein Mädchen aufgenommen, das sich sehr leicht hypnotisieren ließ. Der Arzt stellte mit dem Dienstmädchen verschiedene Experimente an. So wollte er auch herausfinden, ob durch

Hypnose der Stoffwechsel zu beeinflussen sei. Er hypnotisierte die Angestellte und suggerierte ihr, sie würde in der nächsten Woche um sieben Pfund zunehmen. Nach der Hypnose wußte sie von diesem Auftrag nichts. Aber am Ende der Woche wog sie sieben Pfund mehr. Sie hatte während dieser Zeit nicht mehr gegessen als sonst und auch nicht weniger gearbeitet.

Zweitens: Ihre Eßgewohnheiten analysieren und die dickmachenden herausfinden.

Drittens: Nicht mit Willenskraft gegen Gewohnheiten angehen. Jedesmal, wenn der Wille gegen Gewohnheiten oder Wünsche angeht, siegen die Gewohnheiten und die Wünsche. Daher der Rat: Ändern Sie Ihre Gewohnheiten und Ihre Wünsche durch SIS.
Ich nehme an, Sie lesen dieses Buch, weil es Ihr Problem bespricht: Übergewicht. Dann darf ich sagen: *Sie* sind zu dick, weil *Sie* zu viel zu sich nehmen, mag dieses Zuviel für einen anderen auch recht wenig sein. Darum braucht jeder Mensch *seine* Diät. Darum sind die üblichen Empfehlungen, man dürfe so und so viel zu sich nehmen, wenig praktisch und ziemlich unwissenschaftlich. Die SIS-Methode ist die individuellste Methode des Schlankwerdens und Schlankbleibens, darum auf lange Sicht auch die erfolgreichste.

Zusammenfassung:

1. In sogenannten zivilisierten Ländern ißt man zu viel, zu süß und zu fett. In den westlichen Industriestaaten stirbt jeder Dritte an ernährungsabhängigen Erkrankungen.

2. Die Veranlagung zum Übergewicht scheint angeboren und vererbbar zu sein.
3. Mit Willenskraft erreicht man wenig, weil das Gesetz des Gegenteiligen Effekts wirkt. Je mehr man abnehmen will, um so häufiger denkt man ans Essen. So entstehen Streß-Situationen: bei der zweiten oder dritten gibt man auf.
4. Jedesmal, wenn die Willenskraft mit Gewohnheiten oder Wünschen kämpft, gewinnen die Gewohnheiten oder die Wünsche. Deshalb ist es sinnlos, das Schlankwerden mit Willenskraft zu versuchen. Deswegen ist es sinnvoll und erfolgreich, seine Eßgewohnheiten zu ändern.
5. Zunächst muß man aber seine Eßgewohnheiten (und Unsitten) erkennen.
6. Jeder Mensch reagiert anders auf die gleiche Nahrung. Daher versagen so oft generelle Schlankheitsempfehlungen. *Ich* bin zu dick, weil *ich* zu viel zu mir nehme, mag das Zuviel für einen anderen auch recht wenig sein.

Guter Wille gegen schlechte Gewohnheiten

In den nächsten Tagen besuchte ich Dr. Waterhouse in seiner Praxis einige Male.
Bei der ersten Besprechung überreichte er mir folgendes Blatt:

Der Unglücksstern Übergewicht und Fettsucht

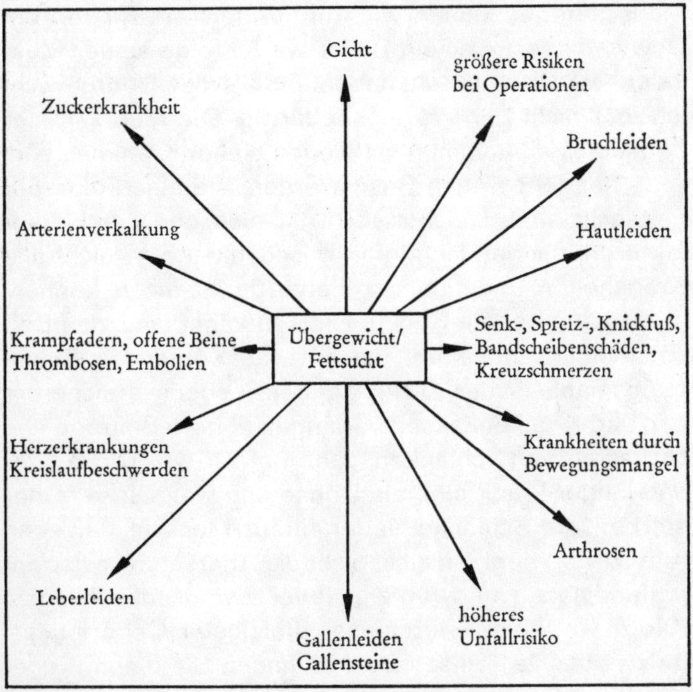

Ihr Normalgewicht finden Sie auf einer Tabelle im zweiten Teil dieses Buches. Haben Sie bis zu 10 Prozent mehr als Ihr Normalgewicht beträgt, spricht Ihr Arzt von Übergewicht. Alles, was mehr ist, fällt unters Kapitel Fettsucht. Wiegen Sie ungefähr 10 Prozent weniger als Ihr Normalgewicht – dann haben Sie Ihr Idealgewicht. Die Begriffe Normal- und Idealgewicht sind aber nicht in starre Schemata zu pressen. Der eine Mensch ist von Natur klein, breit, gedrungen angelegt, der andere lang, schlank und von feingliedrigem Körperbau. Dies muß berücksichtigt werden, wenn man das Idealgewicht eines Menschen bestimmen will. Im übrigen, ein Ringer, ein Gewichtheber oder ein Boxer wird infolge seiner Muskelpakete Übergewicht haben. Ein solches Übergewicht ist aber nicht behandlungsbedürftig. Die Mehrzahl der Fettsüchtigen kommt nicht wegen dieser Krankheit zum Arzt, sondern wegen Beschwerden, die eine Folge der Fettsucht sind. Die Fettsucht ist eine der vier Risikofaktoren, für den Herzinfarkt. Bedenken Sie: nicht alle Krankheiten, die von der Fettsucht kommen können, stehen auf diesem Bogen. Nicht erwähnt sind zum Beispiel die Krankheiten, die auf das Konto des Bewegungsmangels der Dicken gehen. Lebensversicherungen und Krankenkassen verlangen höhere Beiträge von Dicken als von Schlanken, ganz einfach, weil Dicke öfter und länger krank sind als Dünne und weil Dicke früher sterben als Schlanke. Jeder fünfte Mensch, der zehn Kilo zu viel wiegt, erreicht nicht die Altersstufe zwischen fünfundvierzig und fünfzig. Jeder zweite, der zwanzig Kilo zu viel wiegt, feiert keinen fünfzigsten Geburtstag.
Im zweiten Teil dieses Buches finden Sie einen Frage-

bogen, mit dem Sie Ihre Eßgewohnheiten studieren können. Füllen Sie ihn so gewissenhaft aus, wie es nur geht. Forschen Sie nach jeder Nuß, jedem Salzstängelchen, jedem Schluck Limonade.

Ich habe vor Jahren in einem Krankenhaus als klinischer Psychologe gearbeitet. Ehe wir mit der Behandlung der Fettsucht begannen, fragten wir die Patienten, wieviel sie gewöhnlich essen. Nach diesen Angaben berechneten wir die Kalorienzahl, die sie zu sich nahmen. Wir wunderten uns, daß diese Leutchen bei so wenig Nahrung so dick geworden waren. Da hatte der Direktor des Krankenhauses eine gute Idee. »Gebt ihnen«, sagte er, »acht Tage lang so viele Kalorien, wie sie angegeben haben.« Wir taten es. Was dabei heraus kam, können Sie sich denken. Die Patienten rannten wie Wilde im Zimmer herum und beschimpften uns, daß wir sie verhungern ließen.

Als ich diesen Fragebogen in eigener Angelegenheit ausfüllte, mußte ich unwillkürlich an die Hunde des Professors Pawlow denken.

Pawlows berühmtestes Experiment: Bevor er seine Versuchshunde fütterte, läutete er eine Glocke. Nach einigen Wochen läutete er nur noch die Glocke, brachte aber seinen Hunden nichts zu fressen. Trotzdem lief den Tieren das Wasser im Maul zusammen. Sie leckten sich die Lefzen und rannten jaulend im Zwinger herum, so als würden sie ihre Mahlzeit bereits sehen.

Durch Übung, durch Gewöhnung war bei den Hunden ein »bedingter Reflex« entstanden. Trat eine bestimmte Bedingung (z. B. Glockenzeichen) ein, reagierten die Hunde dementsprechend, etwa mit vermehrter Speichel-

bildung. Plötzlich fiel mir auf, daß ich auch so etwas wie einer von Pawlows Hunden war. Drehte ich abends den Fernseher an, ging ich, bis das Bild erschien, in die Küche und holte das Tablett mit den Mandeln, Nüssen, Salzstangen und dem Käsegebäck.
Aßen die Schauspieler in einem Film, verspürte ich Hunger und raubte den Kühlschrank aus.
Hatte ich Ärger, spülte ich ihn mit einem Schnaps hinunter. War etwas besonders gut gelaufen, stießen wir mit einem Schnaps auf den Erfolg an.
Essen und Trinken kann zu einer Ersatzbefriedigung werden. Sprichwörtliches Beispiel: der Kummerspeck aus Enttäuschung. So war Nahrung auch für mich zu einer Art Tranquilizer, zu einer Art Beruhigungspille geworden. Essen und Trinken waren das geworden, was früher Mutters Bonbons gewesen waren.
War eines von uns Kindern hingefallen oder hatte es eine Tracht Prügel von den Spielkameraden bezogen, lief es plärrend heim und bekam von der Mama ein Bonbon oder ein Stück Schokolade, »um alles wieder gut zu machen«.
Wer seinen Teller leer ißt, bekommt zur Belohnung eine Nachspeise, hieß es. Wer im Garten hilft, bekommt zur Belohnung Eis. Essen – die Belohnung für etwas. Essen – das Mittel, körperliche und seelische Schmerzen zu ertragen. Essen – die Belohnung für Erfolg und der Trost für Mißerfolg. Ganz gleich, was passiert: man setzt sich zum Essen und Trinken an den Tisch. L'appétit vient en mangeant. Der Appetit kommt beim Essen.
Als ich vierzehn Jahre alt war, verehrte ich die Tochter des Nachbarn still, aber glühend. Eines Nachmittags sah

ich ihre Eltern wegfahren. Olga stand allein am Gartentor. Da faßte ich mir ein Herz, sprang aufs Rad und kaufte eine Schachtel der teuersten Pralinés. Wie zufällig fuhr ich am Gartentor vorbei.
»Ich hab gerade diese Schachtel da bekommen. Kannst sie haben, wenn du sie willst.«
Ihre Augen leuchteten samtig, und da wußte ich, daß sie mich auch mochte. Ich blieb bei ihr einige Minuten stehen. Vor Schüchternheit sagten wir nicht viel. Wir taten eigentlich nichts anderes, als Kreise und Dreiecke mit unseren Schuhspitzen in den Kies zu zeichnen. Aber es waren die schönsten Minuten meines Lebens.
Ob für Olga Pralinés ein Symbol des Glücks geworden sind? Neulich traf ich sie wieder. Sie kam aus einer Konditorei und erzählte mir spontan, ihr Mann habe vor ein paar Minuten angerufen: Überraschend sei er befördert worden.
»Da hab ich nicht anders können, als mir auch was Gutes anzutun«, sagte Olga und strahlte mir ins Gesicht. Sie wiegt mindestens zehn Kilo zu viel, sprach meine unhöfliche innere Stimme, während ich ihr herzlich zur Beförderung gratulierte.
Der Schweizer Psychiater Schwöbel fand unter fettsüchtigen Patientinnen auffallend häufig frigide Frauen oder durch die Impotenz ihres Mannes unbefriedigte Wesen. Auffallend oft gaben diese Frauen an, ihr Eßzwang habe etwas mit den unausgereiften Beziehungen zu ihren Eltern zu tun.
Der Heidelberger Arzt Helmut Klar schreibt: »Dem Zärtlichkeitsbedürfnis entspricht oft ein Süßigkeitsbedürfnis oder überhaupt eine Eßlust, versucht doch der Fett-

süchtige seinen gesteigerten Liebeshunger durch Essen zu stillen.«
Der Hamburger Kinderarzt Gutezeit untersuchte dicke Kinder und kam zu dem Ergebnis: dick, weil frustriert; frustriert, weil dick. Frühe Überfütterung, falsche Ernährung und unbefriedigende Kontakte zur Mutter stören schon bald die leib-seelischen Zusammenhänge zwischen Nahrungsaufnahme, Appetit, Hormonproduktion und Stoffwechsel.
Von der Gruppe der Altersgenossen gehänselt, oft auch ausgestoßen, können die kleinen Dickerchen kein gesundes Selbstgefühl entwickeln. Sie bleiben an ihre Eltern, vorwiegend an die Mutter, gebunden. Der Test ergab, daß fettleibige Kinder schon früh lernen, auf äußere Schwierigkeiten hin nach oralen Ersatzbefriedigungen zu suchen. Unterdrückte aggressive Impulse wehren sie meist durch Einverleibung von Süßigkeiten ab.
Dicke Kinder schlagen gern den Weg des geringsten Widerstandes ein und sind vielleicht deswegen später als Erwachsene besonders wegen ihres »Humors« und wegen ihrer Umgänglichkeit beliebt. Im Laufe meiner bald zwanzigjährigen Beschäftigung mit Fragen richtiger und unzweckmäßiger Ernährung fand ich fünf Gründe fürs Dickwerden. Für den einen oder anderen Patienten gelten alle fünf Gründe, für die meisten Dicken sind es aber nur zwei oder drei. Natürlich kann man sich schlechte Gewohnheiten nicht abgewöhnen, wenn man sie nicht kennt. Darum sollten Sie jetzt einen Bleistift zur Hand nehmen und zumindest zwei der für Sie typischen Gründe anstreichen.

1. Ungenügende Drüsentätigkeit, vor allem Schilddrüsenunterfunktion.

Daran leidet von hundert Dicken nur ein einziger, ich wiederhole: ein Prozent aller Übergewichtler oder Fettsüchtigen kann seinen Speckpanzer einer mangelhaften Drüsentätigkeit zuschreiben. Im Gegensatz zu dieser Tatsache steht die fast täglich zu hörende Klage: es sind die Drüsen. Wirklich, es passiert ganz selten, daß mir ein Patient sagt: »Ich esse zuviel, Herr Doktor.«

2. Essen und Trinken als Ersatzbefriedigung für
   Innere Unruhe
   Gefühl des Versagens
   Angst
   Sorgen
   Langeweile
   Einsamkeit

Sind diese Gründe für den Eßzwang verantwortlich, ist schon sehr viel gewonnen, sieht man die Ursache ein. Freilich ist solchen Patienten mit der fachmännischen Beratung durch einen Psychotherapeuten eher gedient als mit Selbstanalysen.
Für nicht wenige Menschen machen Essen und Trinken den einzigen Sinn des Lebens aus. Entschließen sie sich zu einer eingreifenden Schlankheitsdiät, fallen sie gelegentlich in eine Depression. Ohne den Genuß starken Essens und Trinkens ist für sie das Leben nicht mehr lebenswert.
Die Methode SIS bewährt sich auch in solchen Fällen,

da sie den Patienten gleichgültiger gegenüber den Freuden des Essens und Trinkens macht und ihm Befriedigungen verschafft, die ihm wesentlich größere Genüsse als eine überreich gedeckte Tafel bereiten.

3. Übermäßiges Essen und Trinken anläßlich von Geselligkeiten.

Ein exzellentes Mahl, ein gutes Glas und schließlich auch eine kleine Schleckerei als Nachspeise gehören zu den Selbstverständlichkeiten unseres Lebens. Der Anhänger der SIS-Methode braucht darauf nicht zu verzichten.

Daß man nicht abnimmt oder sein Idealgewicht hält, wenn man zwei-, dreimal in der Woche an einer Freß- und Sauforgie teilnimmt, versteht sich von selbst. Erfahrungsgemäß wird über das Wochenende von vielen Leuten mehr gegessen als während der Woche. Freunde kommen oder man besucht Freunde ... Um solchen natürlichen Versuchungen zum Essen Rechnung zu tragen, berechnet man seinen Kalorienbedarf (zum Abnehmen wie den zur Erhaltung des Gewichts) nicht für Tage, sondern für eine Woche.

Nehmen wir an, jemand hat errechnet, daß er zur Erhaltung seines Idealgewichts täglich 2000 Kalorien zu sich nehmen darf.

Nehmen wir ferner an, am Donnerstag und am Samstag abend trifft er sich mit Freunden zum Kegeln bzw. zum Bridge. Beide Anlässe werden mit einer gemeinsamen reichlichen Mahlzeit gefeiert und begossen. Dann könnte sein wöchentlicher Kalorienplan etwa so aussehen:

Montag	1 800
Dienstag	1 800
Mittwoch	1 800
Donnerstag	2 200
Freitag	1 800
Samstag	2 800
Sonntag	1 800
	14 000 : 7 = 2000

Soll ich Ihnen einen Speisezettel für einen »mageren« 1800-Kalorientag entwerfen?

Frühstück

1 Tasse Kaffee mit wenig Rahm, Süßstoff	20 Kalorien
1 Grapefruit von ca. 150 Gramm (eßbare Substanz)	50 „
ca. 35 Gramm Cornflakes mit Milch	150 „
1 weichgekochtes Ei	70 „

Mittagessen

1 faustgroße Artischocke oder 350 Gramm Spargel	70 „
150 Gramm Truthahn, 100 Gramm Spinat gedünstet 100 Gramm Champignons gedünstet 100 Gramm Kopfsalat mit Zitrone	400 „
1 kleines Stück Fruchttorte	150 „
Kaffee mit wenig Rahm, Süßstoff	20 „

Abendessen

Salade niçoise (1/2 Kopfsalat, 1 große Tomate, einige Oliven, einige Zwiebelscheiben, Schnittlauch, Petersilie, ein weichgekochtes Ei, Salz, Pfeffer, Zitrone oder Essig, wenig Tafelöl oder Sauerrahm)	150	„
35 Gramm Camembert	110	„
1 Brötchen	80	„
1 halber Liter Bier (hell)	235	„

Zum Fernsehen

40 Gramm Whisky mit Soda	100	„
1 Portion Fruchtsalat mit 1 Teelöffel Likör (1/2 Apfel, 1/2 Banane, einige Beeren Weintrauben, 1/2 Orange, 1 Mandarine, 3 Walnüsse)	200	„
	1 805 Kalorien	

Hoffentlich können Sie sich immer so »asketisch« ernähren!

Und nun kommt das berühmte Samstag-Fresserchen mit Ihren Freunden. Nehmen wir an, Sie wollen am Samstag gut frühstücken und ausgiebig zu Mittag essen, dann reichen 1000 Kalorien gut und gern. Dann stehen Ihnen für den Abend noch 1800 Kalorien zur Verfügung. Ein Vorschlag:

Vorspeise

$^1/_2$ Ei mit 5 Gramm Kaviar	45 Kalorien
$^1/_2$ Ei mit 1 Prise gehackter Oliven	40 „
1 Scheibe Toast mit Butter	100 „
Zwischenspeise	
1 Tasse Zwiebelsoufflé	200 „
Hauptgericht	
125 Gramm Kalbsleber gegrillt, 100 Gramm Spinat mit einer Flocke Butter	200 „
1 große gebackene Kartoffel (130 Gramm)	100 „
Nachspeise	
1 süßer Apfel (170 Gramm) mit Cognac beträufelt	125 „
1 Tasse Kaffee mit Rahm, Süßstoff	20 „
	830 Kalorien

Jetzt können Sie noch trinken:
9 Whisky (na Prost!) oder
12 Gläser Rotwein (auch nicht übel!) oder
fast 2 Liter Bier.
Sie können aber auch nur 7 Gläser Rotwein trinken und sich dafür eine Riesenportion Roastbeef mit Essiggurken und Tomaten (selbstverständlich auf Brot) beim Spätimbiß gönnen.

4. Primitivität bei Tisch
Zerstreutheit beim Essen

Unwissenheit auf dem Ernährungssektor
Unüberlegt zusammengestellte Speisezettel

Wer statt das Essen zu genießen, und zwar Bissen für Bissen, es mit der Zeitung in der Hand hinunterschlingt, ißt erfahrungsgemäß mehr als der Schlemmer. Das Eßtempo ist meist Temperamentsache und sehr schwer zu ändern. Aber auch hier kann die SIS-Methode überraschend leicht Abhilfe schaffen.
Unwissenheit auf dem Ernährungssektor zeigt sich in verschiedenen Formen. So z. B. in mangelnder Kenntnis des Kaloriengehalts der Speisen oder im Vorurteil, daß diese oder jene Speise nicht dick mache usw.

5. Schlechte Tischsitten
Nicht »nein« sagen können
Immer schön den Teller leeren müssen
Andere nachahmen

Meist sind es die besten Freunde, die einem helfen, sein eigenes Grab zu schaufeln oder sich ein Doppelkinn anzufuttern. »Nimm doch noch einen Löffel voll.« – »Auf einem Bein geht man nicht nach Hause.« – »Wenn du nicht nachfaßt, glaubt meine Frau, es schmeckt dir nicht.«
Hier muß man genauso diplomatisch-höflich wie unnachgiebig sein.
»Nein, danke, es hat mir ausgezeichnet geschmeckt. Aber die zweite Portion schmeckt nie so exquisit wie die erste. Drum nehme ich nichts mehr von Ihrer ausgezeichneten Pastete.«

»Es hat mir so gut geschmeckt, daß ich Sie gern ums Rezept bitte. Aber ich nehme jetzt nichts mehr davon. Ich trinke lieber ein Glas mehr von diesem Wein.«

»Es schmeckt mir so hervorragend, daß ich die ganze Schüssel allein ausessen könnte. Aber ich müßte morgen dafür büßen. Und das willst du doch nicht, oder?«

Lassen Sie sich auf keinen Disput über das Sprichwort ein: »Einmal ist keinmal!«

Von Kindheit an sind wir dazu erzogen worden, immer schön den Teller leer zu essen. Von dieser Gewohnheit sollten wir so schnell wie möglich Abschied nehmen, auch von jener, der Resteverwerter der Familie zu sein. Ißt Kleinfritz seinen Teller nicht leer, fühlt sich Mutti verpflichtet, dies für ihn zu tun. Gewiß, der Gedanke ist bedrückend, daß manche Familie in Indien oder Bolivien gut von dem leben könnte, was bei uns täglich in die Mülltonne geworfen wird. Aber mit Resteverwertung durch die Dicken ist der hungernden Welt nicht gedient. Reden wir uns nicht ein, es sei zu schade, dies oder jenes wegzuwerfen. Überlegen Sie lieber, daß unser Kreislauf zu schade ist, um mit dem oder jenem noch belastet zu werden, wenn wir schon satt sind.

Oft ahmt man bewußt oder unbewußt andere beim Essen nach. Man nimmt in einem Restaurant Platz. Statt mit Verstand die Speisekarte zu studieren und sich ein Menü unter dem Gesichtspunkt der Verträglichkeit, des Preises und der Kalorien zusammenzustellen, blinzelt man zu den anderen Tischen hinüber und schaut, was dort gegessen wird.

Hat man die Beine unter den eigenen Tisch oder den

von Freunden gestellt, ißt man oft eine zweite Portion, nur weil jemand angefangen hat, nochmals auszuteilen. Im übrigen ist dies auch in Restaurants der Fall, wo der Kellner drauf wartet, nachlegen zu dürfen.

Eine sehr ernste Frage: Wissen Sie überhaupt, warum Sie abnehmen wollen? Eine dumme Frage, werden Sie vielleicht antworten. Ich wollte sagen: Sie müssen stark motiviert sein, abnehmen zu wollen. Wenn ich einem Patienten sage, er muß abnehmen, sonst kann er zuckerkrank werden oder frühzeitig verkalken, dann wird er nicht lange seine Kur durchhalten. Selbst Todesgefahr ist für viele Menschen nicht Motivation genug, um eine liebgewordene Gewohnheit aufzugeben. Sage ich einem Patienten, der einen Herzinfarkt hatte, er müsse so und so leben, wird er unter dem noch frischen Eindruck der Todesqual eine Zeitlang den Rat befolgen. Fühlt er aber die unmittelbare Todesgefahr in weite Ferne gerückt, nimmt er meist bald wieder seine alten Gewohnheiten an, die dann prompt zum zweiten, dritten und letzten Herzinfarkt führen.

Eine erfolgversprechende Motivation muß auf etwas Positives gerichtet sein. Angst vor Krankheit, Angst vor Tod, Scham über eine unmögliche Figur, das ist etwas Negatives. Negative Gedanken schiebt der Mensch gern vor sich her.

Sie wollen abnehmen, damit Sie besser aussehen. Sie wollen abnehmen, damit Sie sich wie ein Mensch und nicht wie ein Trampeltier bewegen können. Sie wollen abnehmen, damit Sie sich wohler fühlen, damit Sie kein Blei mehr in den Beinen spüren, damit Sie in einen Anzug für einen Mann Ihres Alters passen oder in ein mo-

disches Kleid und nicht in eine Sonderanfertigung für »Mollige«.
Alles, was dem menschlichen Ego, alles, was dem menschlichen Ich gut tut, wird durchgehalten. Nicht die Angst vor Krankheit und Tod schmeichelt dem Ego, sondern die Aussicht auf Schönheit und Glück.
Sie müssen erkennen, daß nur *Sie* Ihr Übergewicht verlieren können. Weder ich noch ein Masseur, auch nicht ein Hersteller von Arzneimitteln oder von Elektrogeräten kann dies für Sie tun. Außerdem rate ich Ihnen dringend von Abführpillen oder Appetitzüglern ab. Auch bei vorschriftsmäßigem Gebrauch haben diese Mittel schon schwerste Schäden angerichtet und einige Dutzend Menschen ins Grab gebracht.

Zusammenfassung:

1. Übergewicht und Fettsucht sind nicht nur ein kosmetisches Handicap, sie sind auch die Ursache für viele schwere Körperleiden.
2. Normal- und Idealgewicht bestimmt man nach einer zuverlässigen Tabelle, die sowohl Alter wie Geschlecht wie Körperbau berücksichtigt.
3. Für viele seelisch unausgeglichene Menschen sind Essen und Trinken Ersatzbefriedigungen: dick, weil frustriert; frustriert, weil dick.
4. Nur etwa ein Prozent aller Dicken leidet an Unterfunktionen von Drüsen. 99 Prozent sind zu dick, weil sie
   a) Essen und Trinken als Ersatzbefriedigungen betreiben: für innere Unruhe, Gefühle des Versagens, Angst, Sorgen, Langeweile, Einsamkeit usw.;

b) aus regelmäßig wiederkehrenden Anlässen wahre Freßorgien feiern;
c) sich primitiv bei Tisch benehmen, z. B. zerstreut futtern, was man ihnen vorlegt, oder aus Unkenntnis über den Kaloriengehalt der Speisen und Getränke zu viel »Dickmacher« zu sich nehmen. Nicht »nein« sagen können und immer den Telier schön brav leeren, gehört zu den schlimmsten Tischsitten.

5. Die drei Schritte der SIS-Methode sind:
   a) Man muß wissen, warum man abnehmen will. Alle Vorsätze, die dem menschlichen Ego schmeicheln, werden durchgehalten. Alle Vorsätze, die mit Angst, Unlust oder einem anderen negativen Gefühl verbunden sind, werden aufgegeben.
   b) Man muß erkennen, daß weder eine Pille, noch ein Masseur, weder die Sauna noch ein Elektrogerät einem Dicken die Verantwortung für sein Gewicht abnehmen können. *Sie* sind zu dick, weil *Sie* zu viel zu sich nehmen. Also müssen *Sie* abnehmen, niemand kann *Sie* von der Verantwortung für Ihr Gewicht befreien.
   c) Es besteht ein großer Unterschied zwischen Abnehmen und Erhaltung des Ideal- oder Normalgewichts.
   Man soll innerhalb kurzer Zeit abnehmen, also schnell den Erfolg erleben. Die SIS-Methode hilft einem dabei wesentlich. Hat man das Normal- oder besser noch das Idealgewicht erreicht, ermittelt man die Kalorienmenge, die dieses Gewicht garantiert, folgendermaßen:

Idealgewicht (Kilo) mal ungefähr 35 bei sitzender Tätigkeit

Idealgewicht (Kilo) mal ungefähr 40 bei mittelschwerer Tätigkeit

Idealgewicht (Kilo) mal ungefähr 50 sehr anstrengender Arbeit.

Essen und Trinken – theoretisch

Kurz und verständlich dargestellt, sieht die Wissenschaft vom Essen und Trinken folgendermaßen aus: Unter- oder Übergewicht tritt auf, wenn die Stoffbilanz nicht mehr stimmt. Die Stoffbilanz setzt sich aus Stoffausgaben und Stoffeinnahmen zusammen.

Stoffeinnahmen:	*Stoffausgaben:*
Kohlenhydrate	Kohlensäure
Eiweiß	Wasser
Fette	Stoffwechselprodukte
Mineralien, Spurenelemente, Wasser	Ausscheidungsprodukte in Kot und Harn
Vitamine	
Sauerstoff	

Unser Körper verwandelt die aufgenommene Nahrung in Energie für Arbeit und zur Erwärmung des Organismus. In der Ernährungswissenschaft werden alle Energiemengen in Kalorien ausgedrückt: 1 Kalorie entspricht der Wärmemenge, die einen Liter Wasser um einen Grad Celsius erwärmt.
1 Gramm Kohlenhydrat liefert 4,1 Kalorien,
1 Gramm Eiweiß liefert 4,1 Kalorien,
1 Gramm Fett liefert 9,3 Kalorien.
100 Gramm Fett liefert also so viele Kalorien wie 230 Gramm Kohlenhydrate und 230 Gramm Eiweiß.

Kurzfristig könnten wir zur Not nur von Fett und Eiweiß oder nur von Kohlenhydraten leben. Sie wollen sich aber richtig, das heißt gesund und zweckmäßig, ernähren. Also müssen Sie auf die Zusammensetzung Ihrer Nahrung achten.

Eiweiß:

Der Gesunde soll am Tag so viele Gramm Eiweiß zu sich nehmen, wie er wiegt. Eine Frau von sechzig Kilo also sechzig Gramm Eiweiß. Kinder, Jugendliche, alte Leute und Geistesarbeiter benötigen etwa 1,2 Gramm Eiweiß pro Kilo Körpergewicht.

Eiweiß ist der wichtigste Aufbaustoff des Körpers, Eiweiß macht satt und dynamisch. Ein weiterer Vorteil eiweißreicher Nahrung: nehmen Sie 100 Kalorien Eiweiß zu sich, benötigt Ihr Körper etwa 130–140 Kalorien, um das Eiweiß zu verarbeiten. Deswegen eignet sich eiweißreiche Ernährung vor allem für Schlankheitsdiät.

Der Körper kann aus Kohlenhydraten Fett machen, und er kann Fett wieder in Kohlenhydrate zurückverwandeln. Der Organismus kann aber weder aus Fett noch aus Kohlenhydraten Eiweiß synthetisieren. Deshalb muß ihm Eiweiß zugeführt werden. Ihr täglicher Kalorienbedarf sollte deswegen mit 12–15 Prozent Eiweiß gedeckt werden. 40 Prozent dieses Eiweißbedarfs sollte von tierischem Eiweiß (Fleisch, Fisch, Eier, Milch und Käse) kommen, der Rest aus pflanzlichen Quellen.

Viel wurde schon über die Schädlichkeit einer eiweißreichen Kost geredet und geschrieben. Der Beweis dafür steht noch aus. Nierenkranke, und dazu wollen wir auch Gichtiker zählen, brauchen eine Diät, die nicht so eiweißreich ist.

Hüten Sie sich vor einem großen Irrtum, nämlich vor der Illusion, Sie könnten so viel Eiweiß essen wie Sie wollen, weil Eiweiß nicht dick macht. Richtig, Eiweiß kann nicht in Fettpolster verwandelt werden. Essen Sie aber Eiweiß zu Fetten und Kohlenhydraten hinzu, dann hält sich Ihr Organismus ans Eiweiß und bestreitet aus einer großen Eiweißmenge seinen Bedarf. Er greift also die ihm ebenfalls zugeführten Fette und Kohlenhydrate nicht an. Nach einiger Zeit finden Sie diese dann auf Ihren Hüften.

Empfehlenswerte Eiweiß-Spender: mageres Fleisch (Rind, Kalb, Huhn, Wild außer Wildschwein), magere Wurst, Tartar.

Nicht empfehlenswert: Gans, Ente, Herz, Hirn, Speck, alle Wurstsorten, bei denen Sie viel Speck sehen oder überhaupt kein Fett erblicken (zum Beispiel Blutwurst oder Mettwurst, Schinkenwurst usw.).

Alle Fischsorten und Schalentiere (Austern, Hummer) sind zu empfehlen mit Ausnahme von Aal, Dorsch, Lachs, geräucherten Fischen, Rollmops, Ölsardinen, Thunfisch in Öl.

Bei Milch und Milchprodukten (Käse, Yoghurt, Quark) ist den fettarmen der Vorzug zu geben.

Bei eiweißhaltiger Kost achten Sie also wie ein Schießhund auf verstecktes Fett. Schätzen Sie einmal, wieviel Fett in 100 Gramm der üblichen Mettwurst enthalten sind? Ungefähr 45–50 Gramm Fett! Etwa genausoviel Fett wartet in 100 Gramm Salami auf Sie. Leider steht auf den Nahrungsmitteln nicht der Fettgehalt, wie dies

bei Käsesorten der Fall ist. Die Zahlen bei vielen Käsesorten müßten eigentlich jedes schlankheitsbewußte Herz aufschrecken:
Fettkäse 40% i. T., Rahmkäse 50% Fett i. T., Doppelrahmkäse 60% Fett i. T. Verschiedene ausländische Sorten erreichen 70% Fett und mehr. Da wird der jeweilige nationale Butterberg über Ihren Geldbeutel an Sie verkauft, nachdem Sie zuvor durch Steuergelder die Überproduktion von überfetter Milch finanziert haben.

Fett:
So wie der Körper Eiweiß braucht, so benötigt er auch essentielle Fettsäuren, die er selbst nicht herstellen kann. Wir müssen deshalb mit der Nahrung essentielle Fettsäuren zu uns nehmen. Ein Fett ist um so empfehlenswerter, je niedriger sein Schmelzpunkt ist. Pflanzenöle (Weizenkeimöl, Sonnenblumenöl, usw.) und Lebertran sind bei normaler Temperatur stets flüssig, haben also einen niedrigen Schmelzpunkt.
Rindertalg, Schweinefett, Kokosfett und Palmkernfett sind arm an essentiellen Fettsäuren: ihr Schmelzpunkt ist hoch. Butter und gute Margarinesorten stehen dazwischen. Im übrigen, der Streit, ob Sie Butter oder gute Margarine nehmen sollen, ist nur ein Streit der beiden Produzentengruppen um Ihr Geld: jeder lobt seine Ware hoch und versucht die des Konkurrenten herabzusetzen. Für Sie lautet die Parole ganz anders: so wenig Butter und so wenig Margarine wie möglich, und so viel Pflanzenöl, wie Ihr Kalorienfahrplan erlaubt.
Es ist erwiesen und unleugbar: der Blutcholesterin-

spiegel steht in engem Zusammenhang mit Arterienverkalkung und ihren dramatischsten Erscheinungen: Herzinfarkt und Hirnschlag. Fettsorten mit einem hohen Anteil an Linolsäure, der wichtigsten essentiellen Fettsäure (Weizenkeimöl, Sonnenblumenöl usw.), senken den Cholesterinspiegel des Blutes und verzögern das Auftreten von Arterienverkalkung oder ihr Fortschreiten.

Studieren Sie in Ihrem eigenen Interesse und in dem der Ihren folgende Tabelle genau. Sie werden dann wissen, welche Fette empfehlenswert sind und welche nicht.

Außerhalb einer Schlankheitsdiät sollten Sie so viel Gramm Fett zu sich nehmen, wie Sie Kilo auf die Waage bringen. Diese Gesamtfettmenge teilen Sie am besten ein in:

Koch- und Bratfett: vorzugsweise Sonnnenblumen-Maiskeim-Sojabohnenöl.

Streichfett: Butter oder gute Margarine.

Verstecktes Fett in Nahrungsmitteln (Wurst, Käse, Fleisch, Gebäck usw.) berücksichtigen!

Gehalt an Linolsäure wichtiger Fettgruppen

Weizenkeimöl	45–65 %
Maiskeimöl	50–60 %
Sonnenblumenöl	45–55 %
Leinöl	20–60 %
Margarine:	
Eden-Spezial	35–40 %
SB	15–30 %
BECEL	15–30 %

Linolsäure-arme Margarine	5–10 %
Butter	2–5 %
Schweineschmalz	2–7 %
Kokosfett	1 %

Kohlenhydrate:
Kohlenhydrate nehmen wir in der Form von Stärkemehl und Zucker zu uns, also vorwiegend aus Getreidesorten. Einen Beweis dafür, daß Kohlenhydrate gern als Fett anschlagen, liefert das Schwein, das fast ausschließlich mit Kohlenhydraten feist und fett wird.
Es gibt aber Kohlenhydrate der verschiedensten Art, darunter einige, vor denen die Dicken und Molligen keine Angst zu haben brauchen. In letzter Instanz bestehen alle Kohlenhydrate aus Zucker. Rohrzucker, Rübenzucker, Fruchtzucker (süße Früchte sind besonders reich daran) sind hochkalorische Kohlenhydrate, die der Körper schnell abbaut und in Fett umwandeln kann. Essen Sie zum Beispiel Schokolade, während Sie genüßlich ein Buch lesen, dann baut Ihr Körper den Zucker sofort ab. Da Sie aber die zur Verfügung stehende Energie nicht abrufen, deponiert Ihr Organismus sie als Fett. Essen Sie dagegen Schokolade auf einer Bergtour, verbrennt Ihr Körper den Zucker rasch, und es kommt erst gar nicht zur Fettumwandlung.
Zum Glück gibt es Kohlenhydrate, die reich an Ballaststoffen sind, also Kohlenhydrate, welche der Körper nur schwer oder überhaupt nicht abbauen kann. Ballaststoffe finden Sie in Gemüsen und Salaten in Form von Zellulose. Diese schlecht verwertbaren Kohlenhydrate machen also nicht dick und regen obendrein den Darm

zu kräftiger Arbeit an, eine Voraussetzung für einen guten, regelmäßigen Stuhlgang.
Hochkalorische Nahrungsmittel sind: Teigwaren, Gebäck, Brot, Kartoffeln, Honig, Schokolade, auch einige Hülsenfrüchte, wie Erbsen, Linsen und weiße Bohnen, ferner sehr süße Obstsorten.
Klar, kein Nahrungsmittel besteht nur aus Kohlenhydraten, nur aus Eiweiß oder nur aus Fett. Jedes Nahrungsmittel setzt sich aus den drei Bestandteilen zusammen. Einige Beispiele:

100 Gramm eßbare Substanz	*Kohlenhydrat*	*Eiweiß*	*Fett*	*Kalorien*
Weintrauben	17,3	0,6	0,3	67
Gurken	0,8	0,8	0,1	13
Haselnüsse	17,2	12,7	83,9	627
Kalbsleber	4,1	19,2	0,3	140

Wie soll sich nun die Nahrung auf lange Sicht zusammensetzen, werden Sie fragen. Vorausgesetzt, Sie sind gesund, sollte Ihre Erhaltungsdiät* folgende Relationen berücksichtigen:

55–60 Prozent Kohlenhydrate
25–30 Prozent Fette
15 Prozent Eiweiß

*) Unter »Diät« ist hier und an anderen Stellen nicht Krankenkost gedacht, sondern im Sprachgebrauch der alten Griechen die Lebensweise, zu der im weiteren Sinn auch Körperschulung, Erholung, Massagen, Sonnenbaden usw. zählten.

Vitamine und Spurenelemente:
Um ganz sicher zu gehen, sollten Sie während einer Reduktionskur Vitamintabletten zu sich nehmen, die auch noch Spurenelemente enthalten. Lassen Sie sich notfalls von Ihrem Arzt oder einem Apotheker beraten.

Alkohol:
1 Gramm Alkohol hat 7,1 Kalorien, also fast doppelt soviel wie 1 Gramm Kohlenhydrate oder 1 Gramm Eiweiß.

Der Ausnützungsgrad der Nahrung:
Nahrungsmittel tierischen Ursprungs werden vom Körper besser ausgenutzt als pflanzliche Produkte. Nehmen Sie von den pflanzlichen Nahrungsmitteln möglichst viel als Rohkost zu sich, dann ist der Ausnützungsgrad noch geringer, das Sättigungsgefühl größer. Kochen, Braten, Rösten fördern den Appetit, und um Appetit sind Sie wahrscheinlich nicht verlegen.

Das Sättigkeitsgefühl:
Das Sättigkeitsgefühl, das eine Speise vermittelt, hängt davon ab, wie lange die Nahrung im Magen verweilt und wieviel Magensaft sie aus der Magenwand herauslockt. Je länger der Speisebrei im Magen bleibt und je mehr Magensäure er verursacht, um so sättigender ist die Nahrung.

Drei Beispiele:
50 Gramm Fleisch + 50 Gramm Kartoffeln
veranlassen 546 ccm Magensaft

50 Gramm Fleisch + 100 Gramm Kartoffeln
veranlassen 550 ccm Magensaft
100 Gramm Fleisch + 50 Gramm Kartoffeln
veranlassen 840 ccm Magensaft

Essen Sie 50 Gramm Fleisch und 50 Gramm Kartoffeln, so ist das Sättigungsgefühl ungefähr das gleiche wie bei 50 Gramm Fleisch und 100 Gramm Kartoffeln. Nehmen Sie dagegen 100 Gramm Fleisch und 50 Gramm Kartoffeln zu sich, erhöht sich das Sättigungsgefühl um die Hälfte.

Betrachten wir die Kalorienmenge der drei Speisenkombinationen:

50 Gramm gegrilltes Rinderfilet
+ 50 Gramm Pellkartoffeln = 106 Cal.
50 Gramm gegrilltes Rinderfilet
+ 100 Gramm Pellkartoffeln = 151 Cal.
100 Gramm gegrilltes Rinderfilet
+ 50 Gramm Pellkartoffeln = 167 Cal.

Die doppelte Portion Kartoffeln im ersten Fall erhöht den Kaloriengehalt um 45 Kalorien, aber das Sättigkeitsgefühl kaum. Sie kommen also fast genausogut mit der einfachen Portion Kartoffeln aus und sparen 45 Kalorien.

Die dritte Kombination ist zwar die kalorienreichste Sie liegt aber nur um 16 Kalorien höher als die zweite, ist dafür aber um über 50 % sättigender als die zweite (leider auch teurer).

Den besten Sättigungswert hat Fleisch, gut ist der Sättigungswert von Milch und gekochten Eiern. Geringer ist der von Fisch. Alle Fette verzögern die Entleerung des Magens, erhöhen also die Verweildauer im Magen und die Bildung von Magensäure. Auch gezuckerte Mahlzeiten bleiben länger im Magen als ungezuckerte. Gut gekaute Nahrung gibt ein größeres Sättigungsgefühl: Die Fette werden unter den Speisebrei vermischt und verzögern die Entleerung des Magens. Verschlingt man dagegen fettes Fleisch z. B. schlecht gekaut, also in Brocken, wirkt sich der Bremseffekt des Fettes auf die Magenentleerung nicht voll aus. Die Gesamtmenge Fett wird aber trotzdem im gesunden Dünndarm resorbiert.

Der Grundumsatz:
Auch wenn Sie völlig untätig im Bett liegen, verbraucht Ihr Körper Energie zur Aufrechterhaltung der Atmung, des Kreislaufs, der Körpertemperatur, schließlich auch für die Arbeit der Drüsen und des Nervensystems.
Ein Mann von 1 Meter 70 und 70 Kilo Gewicht verbraucht in 24 Stunden 1700 Kalorien, wenn er mit leerem Magen in einem Raum von 20 Grad Temperatur angekleidet liegt.
Frauen haben einen vergleichsweisen niedrigeren Grundumsatz als Männer (etwa 10 % weniger). Im Kindes- und Entwicklungsalter ist der Grundumsatz am größten. Schon ab dem zehnten Lebensjahr fängt er zu sinken an. Bei einem Siebzigjährigen beträgt er nur noch etwa 70 % des Umsatzes, den er als Kind hatte.
Mit dem Altern nimmt also der Grundumsatz ab; dies ist eine der Ursachen für Übergewicht und Fettsucht: man

ißt so viel wie früher, verarbeitet aber weniger. Schont man sich obendrein mehr als früher, kann Übergewicht nicht ausbleiben.

Eine Schilddrüsen-Überfunktion erhöht den Grundumsatz, wirkt daher gewichtsreduzierend, umgekehrt wirkt eine Schilddrüsen-Unterfunktion. Deswegen geben einige Ärzte bei Übergewicht und Fettsucht Schilddrüsenpräparate, eine nicht ungefährliche Methode!

Wollen Sie selber feststellen, ob Ihr Grundumsatz in Ordnung ist? Einen ungefähren Hinweis gibt folgende Formel (nur für Erwachsene):

$^2/_3\,(f + a) - 72$ = prozentuale Abweichung vom normalen Grundumsatz.

f = Pulszahl in der Minute

a = Blutdruckamplitüde

Ein Beispiel: Ihr Arzt hat Ihnen bei der letzten Untersuchung gesagt, Ihr Blutdruck sei 140 zu 90. Dann beträgt die Blutdruckamplitüde $140 - 90 = 50$. Ihren Puls können Sie selber zählen. Angenommen, Sie kommen auf die Zahl 80. Und nun geht's ans Rechnen!

$^2/_3\,(80 + 50) - 72 = (^2/_3 \times 130) - 72 = 86 - 72 = +14\,\%$

Abweichungen bis 20 % liegen im Normalbereich.

Der Leistungsumsatz:

Durch körperliche und geistige Arbeit verbrauchen Sie nicht wenig Energie. Der höchste Leistungsumsatz wurde bei schwedischen Holzfällern im Winter gemessen: etwa 7500 Kalorien.

Versprechen Sie sich nicht eine abmagernde Wirkung durch Sport. Wie wenig Körperbewegung speckfeindlich ist, können Sie sich selbst ausrechnen.

Pro 1 Kilo Ihres Körpergewichts verbrauchen Sie pro Stunde:

2,5 Kalorien beim Gehen (etwa 3-km-Tempo)
3,5–6,7 Kalorien bei Gymnastik (je nach Tempo)
5,4 Kalorien beim Radfahren (15-km-Tempo)
4,4–10,7 Kalorien beim Schwimmen (1,2–3-km-Tempo)
(nach Prof. Heipertz, Sportmedizin)

Nehmen wir an: Sie wiegen 70 Kilo und gehen einmal die Woche zu einem Gymnastikabend. Nehmen wir ferner an, daß eine Stunde lang zügig Gymnastik betrieben wird. Kalorienverlust?

70 Kilo × 5 (Mittelwert) = 350 Kalorien. Sehr wenig, finden Sie nicht auch? Um es kurz zu machen: Wahrscheinlich hätten Sie gar nicht die Zeit, durch Körperbewegung schlank zu werden. Sie müßten täglich stundenlang radfahren, schwimmen oder ganztägige Spaziergänge machen. Abgesehen davon, daß sich soviel Energieverbrauch bald als verstärktes Hungergefühl melden würde.

Trotzdem: aus gesundheitlichen und aus ästhetischen Gründen sollten Sie regelmäßig Sport treiben. Wer seinen Körper nicht biegen und drehen kann, watschelt durch die Gegend, ob nun als fette oder als magere Ente.

Noch ein Beispiel: Sie wiegen 80 Kilo und entschließen sich, ab morgen nicht mehr mit dem Bus, sondern zu Fuß Ihre Firma und abends Ihre Wohnung zu erreichen. Für den Hin- und Rückweg brauchen Sie 45 Minuten.

80 Kilo × 2,5 × ¾ = 150 Kalorien.

Bei etwa 22 Arbeitstagen im Monat macht dies aus = 150 Kalorien × 22 = 3300 Kalorien. In 11 Monaten (also ein Monat Urlaub abgerechnet) verbrauchen Sie durch Ihren Weg zum und vom Betrieb 36 300 Kalorien. Ein Kilo Körperfett entspricht 6000 Kalorien. Sie können also etwa 5 Kilo im Jahr verlieren.

Wahrscheinlich werden Sie abnehmen, wenn Sie täglich durch Gymnastik oder Fußmarsch 100 bis 400, 500 Kalorien mehr verbrauchen. Jedoch kann Ihnen dies niemand garantieren, und kein Ernährungsfachmann der Welt weiß bisher den Grund, wenn Sie trotz täglichen Mehrverbrauchs an Kalorien nicht abnehmen. Denken Sie an die Zwillinge, von denen Dr. Waterhouse sprach: unter gleichen Voraussetzungen nahm die eine Schwester 12 Pfund ab, die andere ein Pfund zu.

Was mir wiederholt Patientinnen und Patienten berichtet haben: Moderne Skihosen sitzen stramm, sind deshalb ein guter Indikator für Umfangsveränderungen der Hüften und des Gesäßes. Während eines Skiurlaubs fängt nun die Hose an, lockerer zu sitzen. Erfreuliche Schlußfolgerung: ich habe abgenommen. Zu Hause führt der erste Gang zur Waage. Große Enttäuschung: Ich habe nicht abgenommen. Ich habe sogar zugenommen. Diese Erscheinung erklärt sich ganz leicht: Durch hartes Training verlor der Körper Fettgewebe, seine Muskelmasse nahm aber zu. Fettgewebe ist leichter als Muskelgewebe, Muskelgewebe ist straff, Fettgewebe ist schwammig.

Der Gesamtumsatz:

Der Gesamtumsatz setzt sich folgendermaßen zusammen:

Grundumsatz plus Leistungsumsatz = Gesamtumsatz
Einen normalen Grundumsatz vorausgesetzt, verbrauchen Sie in unserem Klima folgende Kalorien je nach Ihrer Beschäftigung:

Beruf	*weiblich*	*männlich*
Stubenhocker	1900	2000
Altersheiminsassen	1900	2000
Schreibtischarbeiter	2000	2400
Lehrer	2000	2400
Friseur	2300	2700
Schneider	2300	2700
Verkäufer	2500	3000
prakt. Arzt	2500	3000
Hausfrau	2700	
Briefträger		3300
Metzger		3600
Anstreicher		3600
Schlosser		3600
Zimmermann		4000
Kohlenhauer		4700
Holzfäller		4700
Radrennfahrer		5100

(nach Prof. H. J. Holtmeier, Diät bei Übergewicht und gesunde Ernährung)

Sollten Sie Ihren Beruf oder einen annähernden nicht auf dieser Tabelle gefunden haben, dann will Sie die nächste orientieren. Der tägliche Kalorienbedarf Erwachsener sollte folgende Grenzen nicht überschreiten:

Tätigkeit	*Frauen*	*Männer*
überwiegend sitzend	bis 2000	bis 2400
körperlich leicht	bis 2300	bis 2700
körperlich mittelschwer	bis 2700	bis 3100
körperlich schwer	bis 3000	bis 3600
körperlich schwerst	bis –	bis 4700

Jugendliche von 15 bis 20 Jahren sollten sich so ernähren, als gingen sie einer mittelschweren bis schweren Arbeit nach. Im harten sportlichen Training befindliche Jugendliche lassen sich bestimmt von ihrem Sportarzt über ihren Kalorienbedarf beraten. Den Arzt aufsuchen sollten auf alle Fälle zur Fettsucht neigende Kinder und Jugendliche.

Stoffwechselgeschehen bei Wasserfasten:
In der Medizin spricht man korrekterweise nicht von totalem Fasten, sondern von Wasserfasten. Die durch den Abbau des Fettgewebes entstandenen Produkte müssen den Körper verlassen. Dafür benötigt der Organismus die Zufuhr von Wasser (Leitungswasser, Mineralwasser, Tees, Säfte). Fastenkünstler haben es fertiggebracht, 70 Tage lang keinen Bissen zu sich zu nehmen. Würden sie aber nur einige Tage lang auf Flüssigkeit verzichtet haben, wäre der Tod eingetreten. Rein subjektiv ist Durst viel schlechter zu ertragen als Hun-

ger. Dies mag der Grund sein, warum es wohl Hungerkünstler, aber keine Durstkünstler gibt.
Beim Wasserfasten verringert sich der Grundumsatz, aber die lebensnotwendigen Funktionen des Körpers wie Atmung, Kreislauf, Muskel- und Nerventätigkeit gehen weiter.
Zuerst greift der Organismus die Vorräte an Zucker an: doch sind diese auch bei Dicken sehr gering und betragen kaum mehr als einige hundert Gramm. Dann fällt er über die Fettpolster her. Bis er diese aufgebraucht hat, können auch beim Wasserfasten Monate vergehen.
Nehmen wir an, ein korpulenter Politiker von 20 Kilo Übergewicht entschließt sich zum Wasserfasten, um anschließend seinen Wählerinnen besser zu gefallen: während der Fastenkur in einem Edelsanatorium bewegt sich der geschwächte, hohe Herr wenig, verbraucht also täglich nur 2000 Kalorien. Obwohl er bloß kalorienfreies Mineralwasser trinkt, werden erst nach 60 Fastentagen seine 20 Kilo Übergewicht zerschmolzen sein.
Nur wenn der Körper die meisten Fettpolster aufgezehrt hat (die an den Fußsohlen und an den Handflächen bleiben), macht er sich ans Eiweiß. Wir verfügen über keine Eiweißpolster. Als Unterernährung geht langes Fasten daher auf Kosten des Organismus: am ärgsten werden die Skelettmuskel und die Drüsen mitgenommen. Herz, Lunge und Nerven erleiden wesentlich geringere Gewichtsverluste.
Einen weiteren Beweis dafür, daß unsere Einstellung zum Essen und Trinken einen Einfluß auf unseren Stoffwechsel hat, liefert folgende Tatsache: es gibt viele

Menschen, die nachweislich zwei Monate und länger nichts als Wasser zu sich genommen haben. Sie hatten sich freiwillig zum Wasserfasten entschlossen. Bekommt ein Mensch aber entgegen seinem Willen nichts als Wasser, verhungert er spätestens in zwanzig Tagen.

Schlußfolgerungen

1. Eine Erhaltungsdiät sollte sich folgendermaßen zusammensetzen:

   55–60 Prozent Kohlenhydrate
   25–30 Prozent Fette
   15 Prozent Eiweiß, davon mindestens ein Drittel tierischen Ursprungs.

   Vorsicht mit schnell resorbierbaren Kohlenhydraten, z. B. Schokolade, Marmelade, Zucker, sehr süßen Früchten usw. Empfehlenswert sind Kohlenhydrate mit vielen schwer oder gar nicht verdaulichen Ballaststoffen, z. B. Salate, Gemüse, vorzugsweise roh.
   Ihren Fettbedarf sollten Sie folgendermaßen decken: bis zu täglich 30 Gramm Streichfett als Butter oder hochwertige Margarine. Der Rest teilt sich auf in Koch-Bratfett und verstecktes Fett.
   Zum Backen und Braten sollten Sie Öle oder Margarine nehmen, die reich an Linolsäure sind, also Sonnenblumenöl usw.
   Versteckte Fette befinden sich vor allem im Schweinefleisch, in vielen Wurstsorten, in Backwaren, in der Vollmilch und im Käse.
2. Sie sollten pro Kilo Körpergewicht etwa ein Gramm Eiweiß und ein Gramm Fett zu sich nehmen. Kinder

und Menschen über 55 Jahren sollten ihren Eiweißbedarf auf 1,2 Gramm je Kilo Körpergewicht ansetzen.

3. Nahrungsmittel tierischen Ursprungs werden vom Körper besser ausgenützt als pflanzliche Nahrungsmittel. Bei Rohkost ist der Ausnutzungsgrad am geringsten, der Sättigungsgrad dagegen hoch.
4. Das Sättigkeitsgefühl, das eine Speise vermittelt, hängt ab von der Verweildauer im Magen und von der Menge Magensaft, welche der Speisebrei hervorruft. Sehr sättigende Speisen sind Fleisch, vor allem Gänse- und Entenbraten, fettes Schweinefleisch. An zweiter Stelle liegt der Sättigungsgrad von Milch und gekochten Eiern. Geringer, aber immer noch gut ist der Sättigungsgrad von Fisch. Fett und Zucker in der Nahrung verzögern die Verweildauer im Magen und erhöhen somit den Sättigungsgrad.
5. 1 Gramm Alkohol hat 7,1 Kalorien, also fast doppelt so viel wie 1 Gramm Kohlenhydrate oder 1 Gramm Eiweiß. Nehmen Sie Alkohol zu den Speisen, bestreitet der Körper seinen Brennbedarf aus dem Alkohol und läßt die Kohlenhydrate, das Fett und das Eiweiß in Ruhe. Diese Nahrungsbestandteile können sich in aller Ruhe in Fettpolster verwandeln.
6. Die Hoffnung, mit Sport oder Gymnastik oder Spazierengehen überflüssige Pfunde zu verlieren, ist in vielen Fällen trügerisch. Trotzdem sollten Sie sich so viel wie nur möglich in frischer Luft bewegen:
7. Alle Empfehlungen gelten für Sie nur, wenn Sie gesund sind. Sind Sie krank oder fühlen Sie sich krank, suchen Sie einen Arzt auf.

Erfolgskybernetik

Wenn Sie den Thermostaten an der Wand Ihres Zimmers auf 20° C stellen, und die Temperatur im Raum sinkt unter 20°, dann springt die Heizung an. Das ist Kybernetik, die Wissenschaft von der automatischen Steuerung.

Mit Kybernetik kann ein Flugzeug bei dichtestem Nebel landen, ohne daß der Pilot einen Finger rührt. Mit Kybernetik steuert sich eine Weltraumrakete auf den Mond, mit Kybernetik wird das Fließband in einer Autofabrik befördert. Der Komputer ist der Prototyp für angewandte Kybernetik.

Ein Komputer kann eine Rakete auf den Mars steuern, dort Fotoaufnahmen machen, Gesteinsproben einsammeln und alles wieder zur Erde zurückbringen – wenn dieser Komputer richtig gespeist worden ist, das heißt, wenn man ihm die richtigen Befehle gegeben hat. Derselbe Komputer kann nicht einmal ein einziges Lämpchen aufleuchten lassen, wenn er die falschen Befehle erhalten hat.

Der größte Komputer, den man bisher gebaut hat, besteht aus etwa 50000 Zellen. Der Komputer, den wir zwischen den Ohren tragen und der nicht viel größer ist als meine Faust, hat etwa 10 Billionen Speicherzellen, also zweihunderttausendmal mehr. Wenn man eine bestimmte Aufgabe für einen Komputer hat, muß man sich überlegen, wie man den Komputer speisen muß.

Das machen Programmierer, und die Aufgabe, die sie in den Komputer speisen, heißt Programm. Ist der Komputer richtig gefüttert, genügt ein Druck auf einen Knopf, und der Komputer löst in Sekunden die Aufgabe. Man kann den Komputer zu jeder Stunde des Tages oder der Nacht befragen, man kann ihn nach zehn Jahren wieder fragen: wurde das Programm nicht geändert, weiß der Komputer immer noch was er tun soll, und er wird seine Aufgabe schnell und richtig lösen.
Überraschend genug: ein Komputer kann lernen. Ingenieure der größten Komputerfirma der Welt bewiesen es vor Jahren. Eines Tages spie einer dieser Kybernetiker die Idee aus, einen Komputer etwas lernen zu lassen. Großes Gelächter. »Was ist lernen?« fragte der Kybernetiker. »Lernen ist eine Verhaltensweise.« Jemand, der lernt, wird von Zeit zu Zeit den Lehrstoff durchsehen, um Fehler auszumerzen. Er versucht, sich das abzugewöhnen, was Mißerfolg bringt, und sich das anzugewöhnen, was Erfolg bringt.
Die Kybernetiker speisten einen Komputer mit den Standardzügen des Schachspiels. Dann luden sie acht Schachspieler ein: zwei Anfänger, zwei Profis und vier mittelmäßige Schachspieler.
»Spielt gegen diese Maschine!« sagten die Kybernetiker. Alle acht schlugen den Komputer. Aber immer wieder mußten die Schachspieler gegen ihn spielen. Nach einigen Partien schlug der Komputer die zwei Anfänger. Nach der dreißigsten Partie waren alle Schachspieler geschlagen mit Ausnahme der beiden Profis.
Kybernetiker fanden heraus, daß der Unterschied zwischen unserem Nervensystem und einem Komputer geringer ist als man gedacht hatte.

Zur Fütterung für den Komputer werden Wörter und Zahlen in elektrische Impulse umgewandelt. Je nach den in den Komputer eingespeisten Verhaltensweisen erarbeitet er sich mit den elektrischen Impulsen die Aufgabe. Ist er damit fertig, formt er die elektrischen Impulse wieder in Wörter und Zahlen zurück: das ist dann die Antwort für uns.

Arbeitet unser Gehirn nicht ähnlich? Ich sehe einen Baum. Was geschieht dabei? Auf den Baum fallen Lichtstrahlen. Diese Strahlen werden auf meine Netzhaut geworfen und dort in elektrische Impulse verwandelt. Die Augennerven leiten diese elektrischen Impulse durch mein Gehirn. Im Hinterkopf befindet sich das Sehzentrum. Dort entsteht aus den elektrischen Impulsen das Bild des Baumes. Ein Objekt, das ich sehe, wird also von meinem Gehirn in elektrische Impulse umgewandelt und dann wieder in ein Bild zurückverwandelt.

Hören, Riechen, Fühlen, all diesen Fähigkeiten liegen ähnliche Umwandlungsprozesse im Gehirn zugrunde. Immer wird eine bestimmte Stelle in unserem Gehirn von feinsten elektrischen Impulsen gereizt, und wir sehen dann einen Baum, hören einen Ton, riechen Benzin oder fühlen mit geschlossenen Augen, daß wir Samt berühren. Der Baum, den ich sehe, der Ton, den ich höre, alles was ich aufnehme, befindet sich in meinem Kopf, entsteht in meinem Kopf. Und wenn etwas in meinem Kopf nicht richtig funktioniert, dann entstehen dort falsche Bilder, falsche Töne, falsche Gerüche und so weiter.

In einem psychologischen Labor wurden Versuchspersonen an Enzephalographen angeschlossen, an eine

Maschine also, welche die feinsten elektrischen Wellen im Gehirn registriert. Dann veranstalteten die Psychologen vor den Versuchspersonen ein »Drama«: eine Frau schrie hysterisch auf, einer feuerte eine Pistole ab, ein dritter kroch auf dem Bauch durchs Labor.
Jetzt wurden die Versuchspersonen gebeten, die Augen zu schließen und sich vorzustellen, daß eine Frau hysterisch schreit, daß eine Pistole abgefeuert wird und daß ein junger Mann auf dem Bauch durch den Raum kriecht.
Die Forscher verglichen die Kurven auf dem Enzephalographen: die wirklichen Erlebnisse, z. B. Anhören hysterischer Schreie oder das Anhören eines Pistolenschusses hatten die gleichen Wellen im Gehirn erzeugt wie die vorgestellten Erlebnisse. Die Schlußfolgerung war klar: Das Gehirn ist nicht in der Lage, zwischen einem wirklichen Bild und einer Vorstellung (einem Fantasieprodukt) zu unterscheiden. Ein Fantasieprodukt kann im Gehirn die gleichen Verhaltensweisen auslösen wie die Wirklichkeit. Etwas Vorgestelltes ist also ebenfalls in der Lage, einem menschlichen Gehirn Verhaltensweisen einzugeben.
Auch etwas Falsches hat demnach auf das Bewußtsein und das Unbewußte die gleichen Wirkungen wie etwas Richtiges.
Ein Beispiel:
Stellen Sie sich bitte vor, Sie gehen allein durch einen Wald. Plötzlich springt jemand hinter einem Baum hervor und richtet eine Pistole auf Sie . . . Im Bruchteil von Sekunden wirft die Leber Glucose aus und gibt sie an den Blutstrom ab. Der Kraftstoff Glucose versorgt nun

die Muskeln mit Nahrung für die besondere Anstrengung, nämlich für die Flucht. Das Herz pumpt schneller und kräftiger, um mehr von dem Brennstoff Sauerstoff dem Organismus zu liefern. Die Lungen atmen schneller, um eine ausreichende Menge Sauerstoff zu besorgen. Die Magenwand stoppt die Produktion von Magensaft. Der Pylorus, der Schließmuskel am Ausgang des Magens, schließt sich. Die Verdauung wird eingestellt, weil sie während der Flucht nur stören könnte. All diese Prozesse laufen unbewußt ab, sie werden von Ihrem Unbewußten gesteuert, und Ihr Bewußtsein hat keine Macht über sie.

Hinterher stellt sich heraus, der fremde Mann erlaubte sich mit Ihnen einen Scherz und richtete lediglich eine Kinderpistole auf Sie. Bewußtsein und Unbewußtes aber benahmen sich so, als ob eine Gefahr bestanden hätte. Auf dieses »als ob« werden wir noch zurückkommen.

Stellen Sie sich jetzt bitte ein Brett vor, 10 m lang, 25 cm breit. Dieses Brett liegt auf dem Boden. Ich bitte Sie, nun in Gedanken auf diesem Brett zu gehen. Keine Schwierigkeit, nicht wahr?

Jetzt stellen Sie sich bitte vor, dieses Brett verbindet zwei Hausdächer, 30 m über der Erde. Darunter liegt eine gähnende Straßenschlucht. Wer von uns könnte jetzt noch über dieses Brett gehen? Die Schritte wären nach wie vor die gleichen, ein Fuß vor den anderen. Es wäre genügend Platz auf dem Brett. Aber wahrscheinlich würde jeder zitternd vor Angst keinen einzigen Schritt machen können. Auch dann nicht, wenn wir es fest wollten.

Warum nicht? Weil unsere Vorstellung sagt: es ist gefährlich. Unsere Vernunft sagt uns: auf dem Brett 30 Meter über der Erde zu gehen, ist bei Windstille nicht schwerer, als wenn das Brett auf dem Boden liegt. Unsere Vorstellung sagt uns: nein, es ist unendlich gefährlicher. Wem glauben wir? Natürlich unserer Vorstellung.
Welche Macht die Vorstellung ausübt, beweist nichts treffender als eine sogenannte Scheinschwangerschaft. Der Arzt sagt, die Frau ist nicht schwanger. Trotzdem bleibt ihre Periode aus. Ihre Brust nimmt zu und spannt sich. Die Frau muß am Morgen brechen. Ich habe klinische Berichte von Frauen gelesen, die ihr »Kind« neun Monate ausgetragen haben und dann auch noch Wehen bekamen. Erst als sie unter dem Einfluß des Pressens wieder Blutungen hatten, glaubten sie, daß sie nie schwanger waren. Dabei handelt es sich bei solchen Frauen nicht nur um Hysterische.
Die Vorstellung kann sogar an »Wunder« grenzende Leistungen vollbringen. Jedenfalls habe ich Dutzende von Patientinnen auch dort abnehmen sehen, wo sie bisher nicht abnehmen konnten, etwa an den Hüften oder am Gesäß.
Warum auch nicht? Wenn eine unbewußte Angst meine Herzkranzgefäße zusammenziehen oder wenn Freude meine Blutgefäße im Gesicht erweitern lassen kann, so daß ich rot anlaufe; wenn Wut den Ausstoß von Hormonen aus meinen Nebennieren verzehnfachen kann oder wenn Furcht die Tätigkeit meiner Magenschleimhaut bremst, warum sollte dann das in vertiefter Entspannung angesprochene Unbewußte keinen Einfluß auf

meine Hüften, Oberarme oder Pobacken haben? Es ist bewiesen, daß Hypnotiseure in wenigen Minuten eine verspätete Monatsblutung »herbeigezaubert« haben. Monatsblutungen werden in letzter Instanz von der Hypophyse gesteuert, jener haselnußgroßen Drüse im Gehirn, die auch für die Fettverteilung am Körper verantwortlich ist.

Stelle ich mir lebhaft vor, ich beiße in eine Zitrone, dann wird mir bald das Wasser im Mund zusammenlaufen. Warum? Meine Vorstellung beeinflußt meine Drüsen, in diesem Fall meine sechs Speicheldrüsen. Genügt Ihnen dieser Versuch?

Nun wissen Sie, was ich unter Erfolgskybernetik verstehe: den Komputer zwischen unseren Ohren mit erfolgbringenden Verhaltensweisen zu speisen und ihn diese solange wiederholen zu lassen, bis sie in Fleisch und Blut übergegangen sind. Es kommt also dabei darauf an, den Komputer mit Ideen zu füttern, die Erfolg bringen, und nicht mit solchen, die zu Mißerfolg führen müssen.

Kennen Sie die Geschichte von der Ente, die sich für ein Huhn hielt? Verhaltensforscher legten einer Henne ein befruchtetes Entenei ins Nest. Als die Ente ausschlüpfte, war das Huhn sehr froh über das Ende der Brüterei und stolzierte in den Hühnerhof zurück. Das Entlein watschelte hinterdrein. Das Entengehirn ist nämlich so konstruiert, daß die Ente dem ersten Lebewesen folgt, das sich bewegt. Und das war das Huhn. Offensichtlich dachte die Ente, sie sei ein Huhn, weil ja ihre Mutter auch ein Huhn war. Für die Hühner im Hühnerstall war die Ente jedoch keine Henne, und sie bissen sie fast zu

Tode. Das änderte nichts daran, daß sich die Ente weiterhin als ein Huhn betrachtete.
Die Verhaltensforscher unterhielten neben dem Hühnerhof einen Entenhof, den unser Entlein vom Hühnerhof aus leicht hätte erreichen können. Die Ente aber blieb bei ihren Quälerinnen. Nun transportierten die Verhaltensforscher sie mit sanfter Gewalt zu ihren Artgenossen. Die Enten akzeptierten den Neuankömmling sofort. Aber jetzt war unser Vieh erst recht unglücklich. Es versuchte energisch, in den Hühnerhof zurückzukommen. Die Ente hielt sich nun einmal für ein Huhn.
Dieses Experiment zeigt deutlicher als sonst eines, wie wichtig es ist, für wen man sich hält. Die Welt ist voll von Enten, die sich für Hühner halten. Die Welt ist voll von Molligen und Fettsüchtigen, die sich für hungrig halten, weil der Uhrzeiger auf Mittag weist oder weil etwas Genießbares vor ihnen auf dem Tisch steht.
Ein berühmter Versuch zeigt dies: mollige und schlanke Studenten wurden von ihrer Umwelt abgeschnitten. Sogar die Uhren mußten sie abliefern. Nach einigen Tagen wußten sie nicht mehr, wieviel Uhr es war. Sagte nun der Versuchsleiter um 11 Uhr vormittags, es sei 12 Uhr, dann aßen die Molligen soviel, wie sie gewöhnlich zu Mittag verdrückten, die Schlanken aßen weniger. Sagte der Versuchsleiter um 13 Uhr, es sei erst 11 Uhr, aßen die Schlanken ihre übliche Portion, die Molligen aber aßen weniger, weil sie noch nicht so viel Hunger zu haben glaubten, wie sie gewöhnlich erst um 12 Uhr hatten. Schlußfolgerung: Menschen mit Neigung zum Dickwerden essen häufig nur, weil es üblich ist, zu einer bestimmten Zeit zu essen. Schlanke dagegen essen, wenn sie Hunger haben.

Was ein Mensch von sich, seinen Bedürfnissen und seiner Umwelt hält, hängt nicht so sehr von dem ab, was er ist und braucht, sondern von der Information, die über ihn in sein Gehirn hineinprogrammiert worden ist. In das Gehirn von Millionen Dicken ist folgende Botschaft engrammiert: es gibt vier Mahlzeiten und zwar um ... Uhr, ... Uhr usw. Um diese Zeit bist du hungrig und ißt soviel du kannst. Außerdem gönnst du dir dazwischen noch einige Kleinigkeiten.

Maxwell Maltz, ein weltbekannter amerikanischer Gesichtschirurg, erzählt in seinen Erinnerungen von Schwierigkeiten, die er mit einigen seiner Patienten hatte: »Das Skalpell in meinen Händen vermochte ein ganzes Menschenleben in neue, bessere Bahnen zu lenken. Ein schlauer, ängstlicher Mann wurde kühn und mutig, ein alberner dümmlicher Kerl zu einem wachen, lebendigen Jüngling, der einen führenden Posten in einer Firma errang. Die vielleicht überraschendsten Veränderungen erlebte ich mit sogenannten unverbesserlichen Verbrechern, die nach einer Korrektur ihres Gesichts häufig über Nacht zu besserungswilligen Gefangenen wurden und sich der menschlichen Gesellschaft zwanglos wieder einordneten.

Was war mit den vielen anderen, die zwar neue Gesichter vom Chirurgen bekommen hatten, die aber ihre alte unglückliche Persönlichkeit weiter mit sich herumschleppten? Was ging in den Patienten vor, die nach einer kosmetischen Operation allen Ernstes behaupteten, daß sich in ihrem Aussehen gar nichts geändert habe? Jeder Schönheitschirurg wird diese Erfahrungen machen müssen, und jeder wird ebenso perplex gewesen sein, wie ich es damals war.

Freunde oder gar Familienmitglieder kennen diese Menschen auf der Straße nicht wieder, die Umgebung preist das Meisterwerk des Chirurgen, dennoch bleibt der Patient fest dabei, daß sich überhaupt nichts verändert habe. Alle diese Menschen empfinden und handeln demnach so, als hätten sie eine Mißbildung, als müßten sie sich beschämt fühlen, und entwickeln dementsprechende Angstzustände und Befürchtungen. Ihre Narben an der Seele haben die gleiche Wirkung wie ihre körperlichen Narben.«

Ich habe einmal die Vorführungen eines Hypnotiseurs gesehen. Er sagte einem Gewichtheber in der Hypnose, er sei nicht in der Lage, einen Bleistift vom Boden aufzuheben. Der Mann konnte es nicht. Dann legte der Hypnotiseur einem sehr gelenken jungen Mann einen 100-Mark-Schein vor die Füße und sagte ihm, er könne sich nicht bücken. Der junge Mann konnte sich wirklich nicht bücken.

Wenn man sieht, wie leicht sich das Selbstbild eines Menschen in der Hypnose ändern läßt, versteht man schwer, warum ein Mensch im Wachzustand nichts an seinem Selbstbild ändern will, auch dann nicht, wenn es ihm laufend Scherereien, zum Beispiel unwirklichen Hunger, verursacht. Der Mensch denkt mit seinem Selbstbild. Der Mensch ist das, was ihm sein Selbstbild erzählt, das er ist. Ein Mensch kann sein Selbstbild also nur ändern, wen er sein Denken ändert. Wie soll aber einer auf die Idee kommen, seine Schuhe auszuziehen, wenn er glaubt, er habe gar keine an?

Stellen Sie sich bitte zwei Tennisspieler vor. Haben Sie schon je darüber nachgedacht, wie viele mathematische

Rechenaufgaben unser Komputer in Bruchteilen von Sekunden löst? Irgend etwas in uns, nennen wir es einmal Erfahrung, berechnet die Entfernung zum Gegner, die Kraft mit der er den Tennisball trifft, den Winkel, mit dem der Tennisball von seinem Schläger fliegt, die Flugbahn, die Geschwindigkeit des Balles, den Einfluß eventuellen Seitenwindes, den Ort, wo der Ball wahrscheinlich auftrifft, den Winkel, mit dem er vom Boden springt. Gleichzeitig sagt mir diese Erfahrung, mit welcher Geschwindigkeit ich starten muß, wann ich zu bremsen habe, wie ich meinen Schläger halten muß, mit welcher Kraft ich schlagen soll, um den Ball übers Netz zurückzubringen.

Man hat ausgerechnet, daß solche Aufgaben, wie sie unser Gehirn in Bruchteilen von Sekunden löst, nur von Komputerrechenzentren gelöst werden könnten, die man in Mammutgebäuden unterbringen müßte. Um unser Gehirn nachzubauen, müßten mindestens 10 Billionen Elektronenröhrchen zusammengekoppelt werden, und man benötigte über 1 Billion Watt Strom für diese Riesenfabrik. Eine Armee von Ingenieuren müßte den Komputer speisen, was Wochen, wenn nicht Monate in Anspruch nähme, für Aufgaben, die unser Gehirn nebenher, sozusagen unbewußt, erledigt.

Wir Menschen brauchen uns auf solche Fähigkeiten nichts einzubilden. Eine Katze, die nach einem Zweimetersprung mit ihren Vorderpfoten genau auf einer Maus landet, besitzt die gleichen Talente.

Bedenken Sie, daß hunderte von Vorgängen unbewußt in meinem Körper ablaufen, wenn ich nur meinen kleinen Finger krümme. Billionen chemischer Reaktionen und physikalischer Prozesse sind im Gang, wenn ich einem Tennisball entgegenlaufe und ihn zurückschlage. Ein wahres Wunder, oder?

Lange vor Sigmund Freud unterschied der Volksmund bereits zwischen Bewußtem und Unbewußtem. So sagte man schon vor Freud: ein längst vergessener Name taucht wieder auf - ich hatte einen Einfall - eine Melodie verfolgt mich - ich tat das ganz unbewußt - ich tat es unwillkürlich.

Solche Formulierungen deuten an, daß etwas aus dem Unbewußten, daß etwas aus der Tiefe der Seele aufsteigt, so etwa wie eine Luftblase aus dem dunklen Boden eines Teiches aufsteigt. Erst dann nimmt sie unser Auge, unser Bewußtsein wahr. Die Hypnotiseure waren die ersten, die Zugang zum Unbewußten fanden. Jeder von uns erlebt mindestens zweimal am Tage den Übergang vom Bewußten zum Unbewußten und vom Unbewußten zum Bewußten. Nämlich in den wenigen Augenblicken des Einschlafens und in den wenigen Augenblikken des Erwachens. Dem Hypnotiseur gelingt es, diesen Zustand in einem anderen Menschen künstlich zu erzeugen.

Unser Unbewußtes leistet wesentlich mehr als unser Bewußtsein. Unser Bewußtsein arbeitet nur solange wir wach sind, sagen wir täglich 16 Stunden. Unser Unbewußtes legt sich nie schlafen. Es ist Tag und Nacht wach. Unser Unbewußtes regelt in jeder Sekunde unseres Lebens die Vorgänge in unseren Organen. Kein Wunder, daß sich das Unbewußte als viel stärker erweist als unser Bewußtsein.

Jedesmal siegt die Vorstellung über die Vernunft oder

den Willen, wenn die Vorstellung mit unserer Vernunft oder mit unserem Willen nicht übereinstimmt.

Ich möchte mir das Rauchen abgewöhnen. Mein Wille ist entschlossen, weil meine Vernunft festgestellt hat, wie schädlich Rauchen ist. Eine Zeitlang hält mein Wille stand. Dann wird die Vorstellung, wie gut jetzt eine Zigarette schmecken würde, so stark, daß Vernunft und Wille aufgeben. Ich rauche wieder. Ähnlich ist es mit dem Übergewicht. Ich bin fest entschlossen, die Kalorienmenge einzuschränken. Meine Vorstellung aber raunt mir zu, wie gut jetzt ein Wurstbrot schmekken würde. Sie wissen alle, wie die Geschichte enden wird.
Weil die Vorstellung fast immer über Vernunft und Willen siegt, darum gleicht unsere Gewichtskurve einer Fieberkurve, darum gleichen unsere guten und besten Vorsätze einem Jojo-Spiel.
Unser Unbewußtes, dieser großartigste aller Komputer, wird vom Bewußtsein programmiert. Ob der Auftrag des Bewußtseins falsch oder richtig ist, das Unbewußte arbeitet so, wie es ihm vom Bewußtsein beigebracht worden ist. Speisen wir das Unbewußte mit falschen Daten, mit einer unkorrekten Jahreszahl, mit einem falschen Wort, mit einer unpraktischen Angewohnheit beim Spielen eines Musikinstruments oder bei der Ausübung einer Sportart, dann wird das Unbewußte immer das wiedergeben, was es einmal gespeichert hat.
Vor einem halben Jahrhundert trat in Nancy ein französischer Apotheker auf, dessen Name weltbekannt werden sollte: Emile Coué.

Er brachte seinen Patienten bei, sich täglich zu entspannen und in diesem entspannten Zustand zu sagen: von Tag zu Tag geht es mir in jeder Hinsicht besser und besser.
Sehr vielen seiner Patienten, meist körperlich Kranken, aber auch geistig Erschöpften, seelisch Überforderten ging es wirklich besser. Bei anderen half die Zauberformel nicht. Wahrscheinlich, weil diese Leute das Wesen des Unbewußten nicht kannten, deswegen auch nicht verstanden, deswegen auch nicht an die Kräfte des Unbewußten glauben konnten.
Es hat keinen Zweck zu sagen, von Tag zu Tag geht es mir in jeder Hinsicht besser und besser, und skeptisch darauf zu warten, ob die Besserung auch wirklich eintritt. Stellt man sich in seiner Fantasie aber vor, die Besserung sei bereits eingetreten, dann wird das Unbewußte, das ja so leicht irre zu führen ist, so antworten, als habe sich die Lage wirklich schon gebessert. Das Als-ob-Prinzip ist eine der Grundlagen erfolgreicher Beeinflussung des Unbewußten. Wenn ich mir vorstelle, meine rechte Hand ist warm, dann tue ich so, als ob sie schon warm wäre – und sie wird warm.
So wie man noch nicht recht weiß, was Elektrizität ist, sondern nur, wie sie wirkt, so kann man auch nicht sagen, was und wo das Unbewußte ist. Wir erleben aber sein Walten Tag und Nacht und sind sogar in der Lage, Gesetzmäßigkeiten aufzustellen.

1. Was man sich vorstellt, übersetzt sich in gewissen Grenzen in unserem Körper. Wenn ich mir z. B. fest vorstelle, mein Mund ist ganz ausgetrocknet, muß ich bald schlucken.

Wenn ich mir einbilde, ich beiße in eine Zitrone, produzieren meine Speicheldrüsen mehr Speichel.
2. Wenn ich mir fest vorstelle, ich kann etwas nicht, z. B. meine gefalteten Hände lösen, dann kann ich es auch nicht.
3. Wenn meine Vernunft oder mein Wille mit meiner Vorstellung in Konflikt gerät, dann siegt in den meisten Fällen meine Vorstellung. Ein Kampf mit dem Unbewußten geht fast immer zugunsten des Unbewußten aus. Deswegen kämpft man am besten nicht mit seinem Unbewußten, sondern ändert an seinem Unbewußten, was einem daran nicht gefällt.
4. Sie können Ihr Unbewußtes nur dann beeinflussen, wenn Sie zu ihm Zugang gefunden haben. Man findet Zugang zu seinem Unbewußten am leichtesten in der Entspannung. Deswegen gehen fast alle Verfahren der Beeinflussung des Unbewußten von Entspannungsübungen aus.
5. Das Unbewußte ist mächtiger als das Bewußte. Das Unbewußte vergißt nichts. Das Unbewußte ist stets im Dienst. Wenn das Unbewußte mich im Stich läßt, fallen mir keine drei Wörter und keine drei Jahreszahlen historischer Ereignisse ein.
6. Das Unbewußte kann aber vom Bewußten beeinflußt werden.
7. Das Unbewußte kann mit positiven oder negativen Gedanken programmiert werden. Programme, die wir ins Unbewußte füttern, haben die Tendenz, sich im Rahmen des Möglichen zu verwirklichen. Daher ist es vernünftig, sein Unbewußtes mit positiven erfolgversprechenden Vorstellungen zu speisen.

Zusammenfassung

1. Die Kybernetik, die Wissenschaft von der automatischen Kontrolle, kann auch erfolgreich in der Lebensgestaltung eingesetzt werden. Die SIS-Methode tut dies.
2. Lernen ist eine Verhaltensweise. Ein Lernender geht von Zeit zu Zeit den Stoff durch und wirft aus seinem Gehirn hinaus, was falsch ist, und behält Dinge, die richtig sind. Er versucht, sich das abzugewöhnen, was Mißerfolge bringt, und sich das anzugewöhnen, was Erfolg bedeutet.
3. Das Gehirn ist nicht in der Lage, zwischen einem wirklichen Bild und einer Vorstellung (Fantasieprodukt) zu unterscheiden. Ein Fantasieprodukt kann im Gehirn die gleichen Verhaltensweisen auslösen wie die Wirklichkeit.
4. Das »Als-ob-Prinzip« ist die Grundlage erfolgreicher Selbstsuggestion.
5. Keine Selbstsuggestion kann sich im Unbewußten auswirken, wenn man den Inhalt der Suggestion nicht bildhaft vor sich sieht.
6. Was ein Mensch von sich hält, hängt nicht so sehr ab von dem was er ist, sondern von der Information, die über ihn in sein Gehirn hineinprogrammiert worden ist.
7. Der Mensch denkt mit seinem Selbstbild. Der Mensch ist das, was ihm sein Selbstbild erzählt, daß er ist. Ein Mensch kann sein Selbstbild nur ändern, wenn er sein Denken ändert.
8. Erfolgskybernetik heißt: unseren »Komputer« mit erfolgbringenden Verhaltensweisen zu speisen und

ihn diese so lange wiederholen zu lassen, bis sie in Fleisch und Blut übergegangen sind.

9. Das große Geheimnis der positiven Wirkung unseres Unbewußten besteht aus vier Worten: Denk besser von Dir!
10. Jeder Mensch hat sein Selbstbild durch die hinter ihm liegenden Erkenntnisse geformt. Durch Übung und Erfahrung entstand dieses Selbstbild. Durch Übung kann man dieses Selbstbild ändern. Jeder kann sich von einem ungünstigen Selbstbild »enthypnotisieren«.
11. Nur derjenige Mensch führt ein erträgliches Leben, der sich ein Selbstbild gemacht hat, mit dem er in Frieden zusammenleben kann. Jeder muß mit sich selbst einverstanden sein. Jeder muß sich anerkennen und achten können. Dies wiederum führt zum wahren Selbstvertrauen.

Vertiefte Entspannung

Autogenes Training, gestufte Aktivhypnose (Prof. Langen), Selbsthypnose oder Fremdhypnose, das alles sind wirksame Methoden, über eine vertiefte Entspannung zielstrebig in den Bereich des Unbewußten vorzustoßen. Im Zustand vertiefter Entspannung speisen Sie Ihren »Komputer« auf zweierlei Arten:

a) mit formelhafter Vorsatzbildung. Sie sagen sich im Zustand vertiefter Entspannung das vor, was Sie erstreben, z. B. »stets gleichgültig gegen Süßigkeiten« oder »Kartoffeln, Teigwaren und Brot machen häßlich, Salate schön«.
b) mit »Bildersehen«. Im Zustand vertiefter Entspannung sehen Sie sich so, wie Sie sein wollen, also schlank, beweglich, graziös, gewinnend, sportlich. Sie erleben sich so plastisch, wie Sie auf der Filmleinwand oder dem Bildschirm eine Schauspielerin oder einen Darsteller erleben. Um das Bildersehen zu unterstützen, empfehle ich Ihnen folgendes: Kaufen Sie sich ein neues Kleid oder einen neuen Anzug. Das Kleidungsstück darf Ihnen aber erst passen, wenn Sie Ihre Idealfigur erreicht haben werden. Hängen Sie das Kleidungsstück dort auf, wo Sie es einige Male am Tag sehen, z. B. an den Kleiderschrank oder an die Garderobe.
Ein weiterer Tip: Suchen Sie sich aus Ihren Alben Fo-

tos, auf denen Sie noch so schlank sind, wie Sie wieder werden möchten. Kleben Sie diese Bilder an Ihren Toilettenspiegel, oder tragen Sie eines davon immer in Ihrer Brief- oder Handtasche mit sich. Schauen Sie diese Bilder immer wieder an, versenken Sie sich zurück in die angenehmsten Augenblicke Ihrer »schlanken Jahre«: wie Sie so herrlich verliebt waren, so erfolgreich beim Sport oder Tanz, so leichtfüßig auf den Beinen usw. Waren Sie nie schlank, besorgen Sie sich das Foto einer Persönlichkeit, der Sie gleichen wollen, und studieren Sie fleißig dieses Bild mit dem ernsten Wunsch, bald genau so schlank und gewinnend auszusehen.

Die SIS-Methode arbeitet mit vertiefter Entspannung, also mit einer Art Selbsthypnose. Ich habe Patienten erlebt, welche diese Methode nach einer einzigen Unterrichtung beherrscht haben. Andere mußten vier und sechs Wochen lang täglich ein bis zweimal je fünf Minuten üben, um so weit zu sein wie die Begabten nach einer halben Stunde.
Am schnellsten erlernt man die vertiefte Entspannung, wenn man die Gelegenheit hat, sich hypnotisieren zu lassen. In der Hypnose gibt dann der Arzt Ihrem Unbewußten den Auftrag, daß Sie sich mit jedem weiteren Selbsttraining schneller entspannen werden. Nach kurzer Zeit genügen dann einige wenige Sekunden, um den Zustand vertiefter Entspannung zu erreichen.
Ich hatte das Glück, in Dr. Waterhouse einen Freund zu besitzen, der hypnotisieren konnte. Daß Hypnose völlig ungefährlich ist, wenn ein Fachmann mit ihr arbeitet,

wußte ich. Warum sollte ich mich dann nicht von ihm hypnotisieren lassen? Es war meine erste Hypnose, und ich erinnere mich noch gut daran.

»Setzen Sie sich möglichst bequem in Ihrem Sessel zurecht. Hier nehmen Sie das Kissen. Und vielleicht legen Sie Ihre Hände entspannt in den Schoß. Sitzen Sie so bequem?« Ich saß bequem.

»Entspannen Sie jeden Muskel. Jede Muskelgruppe muß locker werden. Auch Ihre Nackenmuskel. Konzentrieren Sie sich eine Weile lang auf die einzelnen Gebiete Ihres Körpers, wie sie sich entspannen. Ihr Unterkiefer sinkt etwas herab. Bewegen Sie ihn ganz locker hin und her. Ihre Schultern, Ihre Arme, Ihre Beine werden locker und schwer. Sie spüren sogar das Gewicht Ihrer Füße in den Schuhen. Stellen Sie sich vor, ich versuchte jetzt Ihr linkes Bein zu heben. Ich kann es nicht, weil Ihr linkes Bein so schwer ist. Stellen Sie sich vor, wie Ihr Brustbein bei jedem Atemzug immer tiefer einsinkt. Stellen Sie sich vor, Ihre Finger, Ihre Arme und Schultern, Ihre Füße und Arme sind ganz lose mit Bändern verbunden. Alle die vielen Bänder sind locker geworden. Stellen Sie sich vor, Sie haben an Ihren Füßen zwei Ventile. Langsam und gleichmäßig entweicht die Luft aus Ihren Füßen, dann aus Ihren Beinen, aus Ihrem Körper. Ihr ganzer Körper fällt langsam zusammen, selbst Ihr Kopf wird kleiner. Sie empfinden diese Entspannungsübung sehr angenehm. Ich kann dies an Ihrem Gesicht ablesen.«

Wirklich, ich fühlte mich sehr wohl und war nahe daran einzuschlafen.

»Alles, was Sie jetzt tun müssen, ist: Sie lassen Ihre

Fantasie von meinen Worten führen. Sie sehen dort an der Wand einen schwarzen Punkt. Schauen Sie diesen Punkt an. Versuchen Sie, Ihre Augen unbeweglich auf diesen Punkt zu richten. Sollten Ihre Augen von diesem Punkt abschweifen, schauen Sie sofort wieder zu diesem Punkt zurück.«
Ich schaute gelassen auf die schwarze Scheibe, die mir schon beim ersten Besuch aufgefallen war. Sie hatte die Größe eines Hühnereis und hing mir gegenüber in etwa zwei Meter Höhe an der Wand.
Nach etwa einer Minute spürte ich, wie meine Augen müde wurden und leicht zu brennen anfingen.
»Ihre Augen beginnen zu flackern«, sagte Dr. Waterhouse. »Wenn Sie sich müde fühlen, schließen Sie die Augen.«
Sie fielen mir von selber zu, als ich gerade nicht an meine Augen dachte.
»Sie verspüren keinerlei Wunsch, sich zu bewegen oder zu sprechen. Sie wollen die Augen nicht öffnen. Stellen Sie sich vor, Sie sind in einem Aufzug oben in einem Hochhaus. Der Aufzug fährt langsam nach unten. Die Stockwerke sind numeriert. Jedesmal, wenn der Aufzug an einem Stockwerk vorbeifährt, fühlen Sie sich noch entspannter. Zehntes Stockwerk ... neuntes Stockwerk ... achtes Stockwerk ...«
Jedesmal, wenn ich langsam ausatmete, ließ Dr. Waterhouse ein Stockwerk an meinem geistigen Auge vorbeiziehen. Als wir das letzte Stockwerk erreicht hatten, sagte er:
»Sie befinden sich jetzt in einem sehr tiefen Zustand der Entspannung. Sie hören jedes Wort, das ich sage. Sie

sind mit der Welt nur durch meine Stimme verbunden. Wenn Sie künftig die vertiefte Entspannung ohne mich erzielen wollen, denken Sie an das jetzige angenehme Gefühl völliger Entspannung zurück. Sie werden dann schnell den jetzigen Zustand erreichen. Sie brauchen sich in Zukunft nur bequem in einen Sessel zu setzen, und schon erleben Sie den wohligen Zustand der Ruhe, Schwere, Müdigkeit und Entspannung.«

Damals in Dr. Waterhouse' Sessel wünschte ich mir, dieser Zustand würde nicht enden, so zufrieden war ich mit der ganzen Welt. Doch plötzlich sagte er:

»Nun, wenn ich jetzt bis fünf zähle, hören wir mit der Behandlung auf. Sie werden sich frisch fühlen. Eins ... zwei. ... Sie spüren, wie die Müdigkeit aus Ihrem Körper entweicht. Drei ... Ihre Füße, Ihre Beine, Ihre Arme und Schultern verlieren die Schwere. Vier ... Sie richten sich auf. Fünf ... Sie sind ganz frisch und munter.«

Es dauerte einige Zeit, bis ich begriff, daß alles vorbei war. Fast alle meine Patienten stellen die gleiche Frage, die ich damals an Dr. Waterhouse gestellt habe: »Ich glaube, ich bin nicht hypnotisiert gewesen, weil ich alles, was um mich vorging, genau gehört habe.«

Es gibt drei Stufen von hypnotischen Zuständen: Lethargie: Zustand der Schläfrigkeit, der Entspannung. Katalepsie: erhöhte unwillkürliche Muskelspannung. Somnambulismus: Erinnerungslosigkeit an in der Hypnose Gehörtes und Erlebtes.

Für unsere Zwecke genügt die erste Stufe völlig. In der Lethargie sind die »Poren« unseres Unbewußten weit genug geöffnet, damit die Suggestionen, die wir uns geben oder die uns ein Hypnotiseur gibt, wirksam werden. Im übrigen, die Suggestionen, die wir uns selber geben, sind nicht weniger wirksam als die, welche uns ein Hypnotiseur gibt. Streng genommen, gibt es gar keine Fremdhypnose: wir werden nicht hypnotisiert, wir hypnotisieren uns selber. Wir folgen den Worten des Hypnotiseurs und bringen uns so in den Zustand der Hypnose.

Lassen Sie mich gleich hinzufügen: Niemand kann gegen seinen Willen hypnotisiert werden. Niemand tut in der Hypnose etwas, das gegen sein Gewissen geht. Die Verbrechen, welche in Hypnose begangen worden sind, wurden von Menschen begangen, die auch im Normalzustand ähnliche Verbrechen zu begehen bereit gewesen wären.

Völlig irrig ist die Annahme, daß schwache Charaktere leicht und starke Charaktere schwer zu hypnotisieren seien.

Voraussetzung für eine erfolgreiche Hypnose ist die Bereitschaft, sich hypnotisieren zu lassen und die Fähigkeit zur Konzentration. Auf den Lehrgängen von Prof. Langen (Mainz), Prof. Kleinsorge (Ludwigshafen) und Prof. Thomas (Berlin) hypnotisieren Ärzte Ärzte. Warum auch nicht? Zum Glück sind die Zeiten vorbei, da man Hypnose mit geheimnisvollen, übernatürlichen Kräften in Verbindung brachte.

In den Zustand vertiefter Entspannung können sich intelligente, sportlich trainierte Menschen besonders leicht versetzen. Das ist erklärlich. Intelligente Menschen können sich etwas vorstellen, sie haben Fantasie. Sportlich trainierte Menschen können sich konzentrieren. Kommen schöpferische Fantasie und die Fähigkeit

zur Konzentration zusammen, erlernt ein Mensch sehr schnell autogenes Training, vertiefte Entspannung und ist leicht zu hypnotisieren.
Lassen Sie sich hypnotisieren, dann holt Sie am Ende der Hypnose der Hypnotiseur wieder aus diesem Zustand heraus. Er enthypnotisiert Sie. Sie brauchen nicht die geringste Angst zu haben, daß Sie, wenn Sie allein üben, nicht mehr aus dem Zustand vertiefter Entspannung oder Selbsthypnose herauskommen.
Bei diesen Übungen stellt der sogenannte »Augenschluß«, über den Sie gleich mehr erfahren werden, einen Eckpfeiler der Methode dar. Sie sollen nämlich Ihre Augen nicht willkürlich schließen, sie sollen Ihnen mit einem Gefühl der Müdigkeit zufallen.
Sobald sich Ihre Augen von selbst geschlossen haben, sagen Sie sich: Ich werde fünfzehn Minuten (oder wie lange Sie immer wollen) im Zustand vertiefter Entspannung sein. Nach diesen fünfzehn Minuten werde ich meine Augen öffnen und mich frisch und hellwach fühlen. Sollte mir Gefahr während der fünfzehn Minuten drohen, zum Beispiel ein Brand ausbrechen, bin ich sofort hellwach und handle den Umständen entsprechend. – Wenn Sie abends im Bett üben und Sie schlafen dabei ein, werden Sie am Morgen herrlich gestärkt erwachen. Also keine Bange! Jetzt müssen Sie auch noch wissen, wie es möglich ist, sich im Zustand vertiefter Entspannung Suggestionen zu geben?
In diesem Zustand ist Ihr Unbewußtes angesprochen, Ihr Bewußtsein aber nicht völlig ausgeschaltet, sondern zu Gunsten Ihrer tieferen seelischen Schichten ein wenig zurückgedrängt. Es verbleibt aber genügend Be-

wußtsein, damit Sie sich Suggestionen geben können. Nun aber wirklich zurück zu der Frage: Wie bringt man sich in vertiefte Entspannung? Setzen Sie sich in einen Sessel, oder legen Sie sich auf eine Couch oder ein Bett. Entspannen Sie jeden Muskel Ihres Körpers. Am besten, wenn das Zimmer eine angenehme Temperatur hat und nicht nebenan Holz gesägt oder Karneval gefeiert wird. Dann suchen Sie sich einen Punkt an der Zimmerdecke, der etwas rückwärts von der Stelle liegt, wohin Ihr Blick normalerweise fallen würde. Sie schauen sozusagen hinter sich. Dadurch strengen Sie Ihre Augen an. Ihre Augen ermüden dabei schneller und empfinden eher das Bedürfnis, sich zu schließen.

Sie atmen sehr langsam und sehr tief. Machen Sie das einige Minuten lang. Sie fühlen sich dann schläfrig. Nun stellen Sie sich vor, wie schwer und müde Ihre Augenlider sind. Bald werden Sie einen Zustand erreicht haben, in dem es Ihnen schwer fällt, Ihre Augen offen zu halten. Sagen Sie sich geistig: Meine Augenlider werden sehr schwer und müde ... Meine Augen fangen an zu tränen ... Ich möchte meine Augen schließen ... Wenn ich meine Augen schließe, falle ich in eine tiefe, wohlige Entspannung ... Auch in der vertieften Entspannung nehme ich meine Umwelt wahr und bin fähig, meinem Unbewußten Suggestionen zu erteilen.

Wenn Ihre Augen wie von selbst zugefallen sind, befinden Sie sich im Zustand vertiefter Entspannung. Nun sind die Poren Ihres Unbewußten geöffnet. Nun können Sie sich Aufträge geben. Der erste Auftrag, den Sie sich geben, ist folgender: Jedesmal, wenn ich vertiefte Entspannung trainiere, falle ich in einen tieferen Zu-

stand der Entspannung, bis mir die Augen von selbst zufallen, wenn ich bis drei gezählt habe.
Die beste Zeit, vertiefte Selbstentspannung zu üben, sind zunächst die Minuten, bevor man abends einschläft. Die Lichter sind aus, man liegt im Bett, Fenster und Türen halten den Lärm draußen. Wählen Sie sich einen imaginären Punkt, der so liegt, daß Sie nach rückwärts schauen müssen. Das strengt die Augenmuskel an und läßt sie schneller ermüden. Dann geben Sie sich Suggestionen, daß Ihre Augen anfangen, müde zu werden, daß die Lider spürbar werden, daß die Augen zufallen wollen und so weiter.
Anfangs dauert es im allgemeinen fünf bis sechs Minuten, bis sich Ihre Augen von selbst geschlossen haben und bis Sie Ihrem Unbewußten Aufträge geben können. Später fallen Ihnen die Augen zu, bis Sie auf drei gezählt haben. Jedesmal, wenn Sie üben, sagen Sie nach Eintritt des Augenschlusses: Das nächste Mal werde ich noch schneller und noch tiefer den Zustand vertiefter Entspannung erreichen.
Wenn Sie wissen wollen, ob Sie sich wirklich in einem Zustand vertiefter Entspannung befinden, dann machen Sie folgenden Test: Sie suggerieren sich, daß Sie schlucken müssen, bevor Sie langsam zählend bei zehn ankommen. Etwa so: Eins, meine Kehle ist ausgetrocknet, und ich fühle den unwiderstehlichen Drang zu schlucken. Zwei, meine Zunge ist trocken, und ich fühle den unwiderstehlichen Drang zu schlucken. Drei, meine Lippen werden trocken, und ich fühle den unwiderstehlichen Drang zu schlucken. Vier, bevor ich bis zehn gezählt habe, wird der Drang zu schlucken so unwidersteh-

stehlich geworden sein, daß ich einmal geschluckt habe. Habe ich einmal geschluckt, werde ich keinen Drang mehr verspüren zu schlucken. Ich werde mich aber nach dem Schlucken in einem noch tieferen Zustand der Entspannung befinden. Interessant, wie hinterher die Übenden den Zustand vertiefter Entspannung beschreiben. Die einen sprechen von vollständigem Abstand zur Umwelt, von Gleichgültigkeit für alles, was draußen in der Welt vor sich geht. Andere fühlen sich losgelöst, angenehm aufgelöst, so als würden sie zerfließen. Andere geben an, sie fühlen ihren Körper nicht mehr und sehen sich als leiblose Wesen. Häufig ist von Dahintreiben auf ruhigem Wasser oder auf Wolken die Rede. Allen Schilderungen gemeinsam ist die Feststellung: Der Zustand vertiefter Entspannung und der Hypnose ist sehr angenehm.

Zusammenfassung:

1. Man erlernt die vertiefte Entspannung *im allgemeinen* schneller, wenn man einmal hypnotisiert worden ist und das Gefühl des hypnotischen Zustands verspürt hat. Die vorherige Hypnose ist jedoch nicht notwendig: sie hilft lediglich, den Lernprozeß abzukürzen.
2. Anfänger glauben gern, sie seien nicht hypnotisiert worden oder sie befänden sich nicht in vertiefter Entspannung, weil sie alles, was um sie herum vorging, wahrnehmen konnten. Auch ein leichter Grad der Hypnose oder vertiefter Entspannung öffnet die Poren des Unbewußten und läßt Suggestionen, die einem gegeben werden oder die man sich selber gibt, wirken.

3. Suggestionen, die ein Hypnotiseur gibt, sind im allgemeinen nicht wirksamer als die Selbstsuggestionen, die man sich im Zustand vertiefter Entspannung gibt.
4. Schlossen sich die Augenlider im Zustand vertiefter Entspannung von selbst, dann wurde ein Grad erreicht, der im allgemeinen ausreicht, mit Suggestionen sein Unbewußtes zu erreichen.
5. Es ist sehr wichtig, daß man sich rechtzeitig Suggestionen gibt, die den Zustand der vertieften Entspannung beenden, etwa so: sobald sich meine Augen von selbst geschlossen haben, sage ich mir: »Ich werde fünfzehn Minuten (oder wie lange Sie immer üben wollen) im Zustand vertiefter Entspannung bleiben. Nach diesen fünfzehn Minuten werde ich meine Augen öffnen und mich frisch und hellwach fühlen.
   Sollte mir Gefahr während dieser fünfzehn Minuten drohen, bin ich sofort hellwach und handle den Umständen entsprechend.« Schlafen Sie in vertiefter Entspannung ein, werden Sie frisch und ausgeruht erwachen.
6. Da im Zustand vertiefter Entspannung das Bewußtsein nicht ausgeschlossen ist, besteht die Möglichkeit, sich Selbstsuggestionen zu geben und sich selber aus dem Zustand vertiefter Entspannung zu holen.
7. Die beste Zeit, vertiefte Entspannung zu üben, sind die Minuten vor dem Einschlafen: die Natur hilft uns dabei, weil der Übergang von Wachsein in Schlaf vieles mit Hypnose und vertiefter Entspannung zu tun hat.

Von der Theorie zur Praxis

Sich im Geist sehen, wie man sein möchte, ist die Basis für Erfolg, ganz gleich, wie das Ziel heißt.

Je häufiger und je intensiver Sie sich sehen, wie Sie sein wollen, also schlank und wendig, um so schneller und sicherer wird Ihr gegenwärtiges Selbstbild ausgelöscht und von dem neuen besseren ersetzt. Die Lebensgeschichte erfolgreicher Menschen beweist, daß die Chancen, sein Ziel zu erreichen, um einige hundert Prozent steigen, wenn man lang und intensiv genug von seinem Ziel träumt. Freilich, mit dem Träumen allein ist es nicht getan. Man muß auch dementsprechend handeln. Sie können sich nicht das überflüssige Fett von Ihrem Körper träumen. Aber zunächst genügt einmal, daß Sie sich im Geist so sehen, wie Sie sein möchten.

Wenn Sie sich dann in vertiefter Entspannung befinden, sehen Sie sich so plastisch wie nur möglich. Sie müssen sich so bildhaft sehen, wie Sie einen Schauspieler auf dem Bildschirm oder auf der Kinoleinwand sehen. Sie müssen jedes Detail von sich sehen. Beachten Sie, wie flach Ihr Bauch ist. Sehen Sie, daß Sie nur noch *ein* Kinn haben? Sie bemerken, wie jetzt Ihre Hüften tailliert nach innen gehen. Machen Sie eine Wendung um neunzig Grad. Ihr Podex ist muskulös und sehnig. Die Hose sitzt knapp.

Während Sie sich als neuer Mensch sehen, müssen Sie die Empfindungen des Glücks, des Aufschwungs und eines Hochgefühls haben. Je mehr Sie diese Empfindungen in Ihr Unbewußtes engrammieren, um so größer wird Ihr Selbstvertrauen, daß Sie Ihr Ziel – Ihr Idealgewicht – erreichen.

Durch die vielen vergeblichen Schlankheitskuren ist Ihr jetziges Selbstbild auf Mißerfolg programmiert. Je intensiver und öfter Sie in vertiefter Entspannung Ihr Körperideal sehen, um so schneller ersetzt das neue Bild das alte. Natürlich sehen Sie immer noch so aus, wie Sie aussehen. Aber erinnern Sie sich: Das Unbewußte kann zwischen Wirklichkeit und Erträumtem nicht unterscheiden. Ich bin genau so aufgeregt, ob ein Fremder auf mich eine echte Pistole oder eine Kinderpistole richtet. Wenn mich ein Film oder Theaterstück fesselt, vergißt mein Bewußtsein, daß mir hier ein Fantasieprodukt vorgespielt wird. Mein Unbewußtes ist ergriffen, und ich lache oder weine, so als ob das Geschehen wirklich wäre.

Am Anfang werden Sie wahrscheinlich das Hochgefühl über Ihr neues Selbstbild nur im Zustand vertiefter Entspannung haben. Bald aber meldet sich das Unbewußte auch in den Stunden des vollständigen Wachzustands. Sie werden keinen Zweifel mehr daran haben, daß Ihnen diesmal die Schlankheitskur gelingt, und was noch wichtiger ist: Sie werden keinen Zweifel mehr daran haben, daß Sie Ihr Idealgewicht mühelos bewahren werden.

Lange bevor Sie Ihr Idealgewicht erreicht haben, werden Sie so handeln, als hätten Sie bereits Ihr Ziel geschafft. Anders ausgedrückt, Sie werden bald über den vielen, kleinen Anfechtungen stehen, die Ihnen bisher

eine Schlankheitskur so schwer und schließlich stets unmöglich gemacht haben.
Je vertiefter Ihre Entspannung wird, um so lebhafter müssen die Bilder werden, die Sie sich von Ihrem neuen Ideal machen. Sie müssen sich wie in einem Film sehen. Zum Beispiel auf einer Party: Sie sehen und hören, wie man Sie zu Ihrer neuen Figur beglückwünscht. Sie tanzen mit einem Menschen, der Ihnen viel bedeutet. Sie tanzen leicht und beschwingt. Andere machen Ihnen Komplimente. Haben Sie keine Angst, mit Ihren Bildern zu weit zu gehen. Sehen Sie sich am Strand in einer knappen Badehose. Die Frauen schauen verstohlen zu Ihnen herüber. Genießen Sie es!
Meinen weiblichen Patienten empfehle ich, sie sollten sich als Schönheitskönigin auf einer Bühne sehen oder als der Mittelpunkt männlicher Aufmerksamkeit auf einer Party. Sekretärinnen sehen sich gern an ihrem Schreibtisch in der Teepause, wenn alle attraktiven Männer der Firma sie umringen. »In vertiefter Entspannung sehen Sie sich so oft als möglich in Aktion. Stellen Sie sich zum Beispiel vor, Sie sind bei Freunden eingeladen, die für gute Küche und große Portionen bekannt sind. Sie tragen den neuen Anzug, der Ihnen jetzt noch einige Nummern zu klein ist. Die ersten Platten werden gereicht. Sie nehmen sich weniger als sonst, Sie essen langsamer als sonst, Sie genießen mehr als sonst. Versuchen Sie, den Geschmack verschiedener Speisen nachzukosten. Die Hausfrau reicht die Platten zum zweiten Mal. Sie lehnen ab. Sie hören sich sagen: ›Ich habe eine Wette abgeschlossen, daß ich bis zum ersten Mai fünf Kilo abnehmen werde. Sie wollen doch nicht, daß

ich sie verliere?‹ Ihrem Nachbarn, der Sie nochmals mit der Aufforderung, mehr zu essen, belästigt, sagen Sie: ›Die zweite Portion schmeckt nie so gut wie die erste. Wissen Sie, ich bin ein Feinschmecker, kein Vielfraß.‹ Der Mann wird Ihnen so schnell nicht mehr auf den Teller gucken.

Man reicht den Nachtisch, eine famose Süßigkeit. Sie sehen sich, wie Sie lächelnd ablehnen. Sie spüren das Gefühl der Überlegenheit, das aufkommt, wenn man sich beweist, daß man sich in der Hand hat. Man fragt, warum Sie nichts nehmen. Sie hören sich sagen: ›Mein Arzt hat mir geraten, eine Zeitlang auf Süßigkeiten zu verzichten, und ich habe es ihm versprochen. Im übrigen, Sie wollen doch wirklich nicht, daß ich etwas tue, was schlecht für meine Gesundheit ist?‹

Nun sehen Sie sich zu Hause. Aus Ihrem Fragebogen weiß ich, daß Sie zu denen gehören, die immer den Teller blank essen müssen. Jetzt sehen Sie sich, wie Sie eine halbe Semmel und einige Gabeln voll Chips auf dem Teller liegen lassen. Während Sie diese Speisereste auf Ihrem Teller im Geist betrachten, spüren Sie, daß Sie morgen um soviel weniger wiegen werden, als jetzt vor Ihnen liegt.«

Ich habe bisher vorwiegend vom Bildersehen gesprochen, nicht so sehr von in Worten gefaßten Suggestionen. Wichtig, sehr wichtig sogar: Geben Sie sich immer positive Suggestionen, nie negative.

Eine negative Suggestion würde lauten: künftighin wird mir Schokolade nicht mehr schmecken. Die positive Suggestion lautet: Was ich künftighin essen werde, wird mir so gut schmecken, daß mir Schokolade nichts mehr bedeutet. Natürlich werden Sie sich solche positiven Sätze nicht erst dann zurecht legen, wenn Sie sich in vertiefter Entspannung befinden.

Einige Tips, wie Sie Ihre formelhaften Vorsätze bilden:

1. Stellen Sie fest, was Sie sich vornehmen wollen. Sie wollen sich zum Beispiel vornehmen, auf Brot zur Suppe zu verzichten oder auf Schlagsahne zum Kaffee.
2. Formulieren Sie diesen Vorsatz schriftlich und positiv. Schreiben Sie daher nicht: Brot zur Suppe macht dick. Formulieren Sie es lieber so: Ich genieße Suppen so sehr, daß ich spielend leicht ohne Brot dazu auskomme. Eine knappe Formulierung: Brot zu Suppen gleichgültig. Oder: Suppe ohne Brot. Sehr schnell gesprochen, kommt dabei heraus: Supobrot (Suppe ohne Brot).
3. Lesen Sie sich Ihre Formulierungen einige Male langsam und laut vor.
4. Im Zustand vertiefter Entspannung denken Sie ganz intensiv an diese Formulierungen, oder Sie sagen sie sich leise vor.
5. Kurze Formulierungen öfter am Tag gesagt, wirken mehr als lange Formeln weniger oft vorgestellt oder gesprochen.

Lassen Sie sich nicht entmutigen. Wenden Sie die SIS-Methode an, wollen Sie natürlich bald Erfolge sehen. Der Gewichtsverlust ist die einfachste Methode, diese Erfolge zu messen. Der Anfangserfolg stellt sich meist sehr schnell ein. Leider beruht er im allgemeinen auf dem Abgang von Wasser. Dann zeigt die Waage geringere Fortschritte an, bis sie in vielen Fällen Tage hintereinander auf dieselbe Zahl zeigt. Nun ist der kritische Punkt erreicht, bei dem die meisten ihre Diät aufgeben. Man sagt sich: wozu das alles? Es hat ja doch keinen Zweck!

Leider gibt die Waage nur unser Gesamtgewicht an, wir erfahren also nicht, ob wir nicht doch täglich Fett verlieren, wenngleich die Waage einige Tage auf dieselbe Zahl zeigt. Nehmen wir an, unsere Fettpolster werden täglich kleiner. Ein Kilogramm Fettgewebe entspricht ungefähr 6000 Kalorien. Essen wir statt 2200 Kalorien wie bisher nur 1100, also die Hälfte, nehmen wir in einer Woche etwa ein Kilo ab. Auf den Tag umgelegt, macht dies etwa 150 Gramm aus. Billige Waagen registrieren solche geringen Gewichtsdifferenzen nicht. Und dann müssen wir uns noch eines vor Augen halten: Angenommen, Sie haben in den letzten drei Tagen ein Pfund Fettgewebe verloren, gestern abend jedoch eine ziemlich gesalzene Speise zu sich genommen. Ein Gramm Kochsalz bindet $^1/_{10}$ Liter Wasser, also 100 Gramm. Heute morgen stehen Sie entsetzt auf der Waage. Der Fortschritt von drei Tagen scheint verloren! Nichts ist verloren! Das überflüssige Wasser wird bei salzarmer Kost wieder ausgeschieden, und Ihre Gewichtskurve fällt weiter ab.

Geraten Sie also während Ihrer Gewichtsreduktion in die Lage, daß Sie einige Tage lang nicht abnehmen, obwohl Sie Ihren Diätplan befolgen, dann machen Sie es nicht wie bisher und geben auf. Sie benützen die nächste Gelegenheit zu vertiefter Entspannung und sehen sich schlank und geschmeidig. Sie erleben das Gefühl der Überlegenheit, weil Sie es geschafft haben und so

sind, wie Sie immer sein wollten. Sie sehen sich bewundert und beneidet.
Wenn Sie aber über einen längeren Zeitraum hinweg, sagen wir, während zweier Wochen, nicht abnehmen, dann gibt es nur zwei Gründe hierfür: entweder Sie halten Ihren Diätplan nicht ein, oder der Diätplan ist nicht radikal genug. Vielleicht wären Sie bereit zu schwören, daß Sie den Diätplan einhalten. Gut. Aber wie oft habe ich schon erlebt, daß sich Patienten mit bestem Gewissen täuschen und doch mehr Kalorien zu sich nehmen, als sie glauben.
Deswegen empfehle ich dringend, ein »Diättagebuch« zu führen. Wie will man Diätfehler ändern, wenn man sie nicht kennt? Schreiben Sie sich auf ein Blatt Papier alles, aber wirklich auch alles, was Sie im Lauf des Tages zu sich nehmen. Hier ein Vorschlag für ein Diättagebuch:

Datum

Wochentag	Montag	Dienstag	Mittwoch	Donnerstag	Freitag	Samstag	Sonntag
Frühstück							
Mittagessen							
Abendessen							
zwischendurch							

Sie sollten dieses Blatt Papier immer bei sich tragen, zum Beispiel in Ihrer Geldbörse, und *sofort* jede Kleinigkeit, die Sie zu sich nehmen, eintragen, etwa so: halbe Semmel, 1 Scheibe Käse, 2 Tassen Kaffee mit Rahm, Süßstoff – in Rubrik Montag, Frühstück.
In »zwischendurch« könnte zum Beispiel stehen: 1 kleine Cola 10 Uhr, 8 Walnüsse 22 Uhr.
Ich sagte, Sie sollten dieses Stück Papier stets bei sich tragen. Nimmt man sich vor, am Abend einzutragen, was man den ganzen Tag über zu sich genommen hat, besteht die Gefahr, daß man etwas vergißt. Schlechtes Gewissen ist besonders vergeßlich. Die Psychologen sprechen nicht umsonst von einem »Vergessen aus Eitelkeit.« Am Ende der Woche sollten Sie Ihr Diättagebuch mit Ihrem Diätplan vergleichen. Kreisen Sie mit einem Rotstift alles ein, wo Sie einen Diätfehler gemacht haben, das heißt, wo Sie von ihrem Diätplan abgewichen sind.
Wenn die Anzahl roter Kreise auf Ihrem Diättagebuch von Woche zu Woche abnimmt, dann sind Sie auf dem richtigen Weg, selbst wenn die Waage Sie einmal enttäuschen sollte.
Sagen Sie sich bei eventuellen Rückfällen: ich habe meine dickmachenden Eß- und Trinkgewohnheiten in Jahren und Jahrzehnten erworben und sie täglich tiefer in mein Unbewußtes gespeichert. Es dauert darum länger als nur einen Tag oder eine Woche, bis mir die neuen Verhaltensweisen beim Essen und Trinken genau so zur zweiten Natur geworden sind wie jetzt die fehlerhaften. Unter keinen Umständen sollte man seine Fehler beim Essen und beim Trinken zu rechtfertigen su-

chen. Wie oft höre ich: »Ja, Herr Doktor, es stimmt, ich habe meine Diät nicht eingehalten, *aber* . . .«, und dann kommt irgend eine Entschuldigung »Geburtstagsfeier«, »Einladung«, »unerwartete Gäste« usw.

Das kleine Wort *»aber«* können Sie sich bei einer Schlankheitsdiät nicht leisten.

Nehmen wir an, es ergeht Ihnen, wie es mir ergangen ist: Es fiel mir nicht schwer, beim Frühstück und auch beim Mittagessen kalorienmäßig kurzzutreten. Selbst beim Abendessen hatte ich mich noch gut in der Hand, wenn genügend Fleisch und Gemüse beziehungsweise Salate auf den Tisch kamen. Aber dann beim Wein und den verdammten Keksen, Salzstangen, Käseplätzchen, Nüssen und wie diese Dickmacher sonst noch heißen.

Ich befolgte die Technik, die mir Dr. Waterhouse vermittelt hatte:

1. Erkennen Sie Ihren Diätfehler. Dazu dient auch das Diätbuch.
2. Analysieren Sie, warum Sie immer wieder die gleichen Diätfehler machen.
3. Entwickeln Sie einen Kriegsplan gegen diese dickmachenden Gewohnheiten und Laster.
4. Benützen Sie die SIS-Methode, um diese Fehler abzustellen.

Als ich damals bei Dr. Waterhouse Gewissenserforschung über meine Eß- und Trinksitten anstellen mußte, fand ich bald heraus, warum ich immer wieder die gleichen Diätfehler machte. Mir war aufgefallen, daß ich am meisten knabberte, wenn das Fernsehprogramm schwach war, das heißt, wenn ich mich fast langweilte.

Da ich mich schon lange darüber geärgert hatte, die schöne Abendzeit mit lauwarmen Sendungen zu vertun, entschloß ich mich, nur noch spannende beziehungsweise hochinteressante Sendungen zu sehen, bei denen ich erfahrungsgemäß kein so starkes Verlangen nach Essen und Trinken verspürte. Die so gewonnene Zeit kam meinen Hobbys zugute.

Verspüre ich trotzdem einmal das Verlangen, mir nach dem Abendessen noch eine Gaumenfreude zu gönnen, dann esse ich einen Apfel, eine Karotte, eine Grapefruit oder was ich sonst an Obst finde.

In der vertieften Entspannung sah ich mich beim Fernsehen langsam und genüßlich Obst essen.

Ich hatte keine Lust, die vergnüglichen Stunden mit guten Freunden »bei einem Glas Wein« aufzugeben. Es war mir von vornherein klar, daß ein Entschluß, der mit großen Opfern verbunden ist, bald wieder aufgegeben würde. Also traf ich mich weiterhin mit meinen Freunden zum Wein, nur änderte ich meine Trinksitten. Ich bestellte mir nicht mehr ein »Viertele« nach dem anderen, sondern zuerst eine kleine Flasche Mineralwasser gegen den Durst. Dann trank ich Schorle, also halb Wein halb Sprudelwasser. Um meine Kalorienbilanz nicht unnötig zu belasten, nahm ich sauren Sprudel. Das machte die Schorle besonders »spritzig«. Ich kam an einem solchen Abend mit etwa einem Drittel der sonst verkonsumierten Kalorien aus. Nicht zuletzt deswegen, weil ich zu dem halben Hühnchen, das wir uns regelmäßig als Spätimbiß erlaubten, keine Pommes Frites mehr aß, sondern eine doppelte Portion grünen Salat. Es dauerte lange, bevor meine Freunde die Wandlung in meinen

Tischsitten entdeckten, und dann eigentlich auch nur, weil sie nach dem Grund für meine schlanke Taille suchten.
Im übrigen, die täglichen Entspannungsübungen kosten Sie kaum Zeit. Sie können abends im Bett trainieren oder morgens, wenn Sie sich einige Minuten früher wecken lassen. Das Diättagebuch ist in wenigen Sekunden ausgefüllt. Der Vergleich zwischen Diättagebuch und Diätplan kostet Sie vielleicht eine Viertelstunde in der Woche. Wenn Sie nach einigen Wochen oder Monaten keine Diätfehler mehr machen, können Sie natürlich die Kalorienbuchführung aufgeben. Sie werden dann glücklich sein, daß Sie leben wie jetzt, nur schlanker und gesünder, beweglicher, bequemer und *ohne* daß Sie dauernd ans Essen und Trinken denken müssen.

Zusammenfassung:
Zusammengefaßt besteht die SIS-Methode in folgenden Schritten:

1. Erlernen Sie die vertiefte Entspannung. Am besten üben Sie zweimal täglich. Die wirkungsvollste und angenehmste Zeit sind die Minuten vor dem Einschlafen. Sehr gut sind die Minuten, die dem Erwachen folgen. Sie können aber zu jeder beliebigen Zeit trainieren, vorausgesetzt, Sie haben Gelegenheit, sich ungestört zu entspannen.
2. Sehen Sie sich im Zustand vertiefter Entspannung mit Ihrem neuen Selbstbild, also schlank und wendig, bewundert und beneidet in einem eleganten Anzug beziehungsweise Kleid. Vielleicht in dem Kleidungsstück, das Sie sich zu Beginn der SIS-Methode gekauft haben.

3. Während Sie Ihr neues Selbstbild lebendig vor sich sehen, erzeugen Sie in Ihrem Unbewußten ein Gefühl des Selbstvertrauens in Ihre Fähigkeit, Ihr Ziel zu erreichen.
4. Sie sehen sich aber nicht nur wie auf einer Fotografie, Sie sehen sich auch wie in einem Film, also in Bewegung, in Handlung, und zwar erfolgreich schlank. Sie erleben sich in Erfolgssituationen, Sie erleben sich als Sieger in Lagen, die Sie bisher gemieden haben, weil Sie als Mollige oder Dicker dabei doch keine Chancen gehabt hätten.
5. Einige der Situationen, in denen Sie Sieger bleiben, befassen sich mit dem Essen und Trinken. Sie sehen sich langsam und genießerisch essen. Sie erleben voller Genuß jeden Bissen und jeden Schluck. Sie riechen und schmecken die Qualität der Speisen und der Getränke. Sie spüren, wie Sie satt werden und dann lassen Sie einige Gabeln voll auf dem Teller liegen und freuen sich darüber.
6. Im Zustand vertiefter Hypnose suggerieren Sie sich Befehle in Form von wandspruchartigen Leitsätzen, die Ihnen ins Bewußtsein kommen, wenn die Versuchung an Sie herantritt. Als Beispiel: Alkohol ist mir gleichgültig.
7. Halten Sie, am besten schriftlich, die Situationen fest, bei denen Sie bisher Ihren Diätplänen untreu geworden sind. Stellen Sie also Ihre Pawlowschen Glocken fest. Denken Sie sich Lösungen aus, um diesen Versuchungen nicht zu erliegen. Sehen Sie sich im Zustand vertiefter Entspannung in solchen Gefahrenmomenten, und erleben Sie sich als Sieger.

8. Überprüfen Sie Ihre Gewichtsabnahme durch wöchentlichen Vergleich Ihres Diätplanes mit Ihrem Diättagebuch, das Sie immer bei sich führen. Sie tragen *sofort* jede Nahrungseinnahme (auch in flüssiger Form) ein.
9. Sie sind nicht enttäuscht, wenn Sie trotz der Befolgung Ihres Diätplanes einige Tage lang nicht abnehmen. Sie kennen die Gründe hierfür.
10. Beim wöchentlichen Vergleich zwischen Ihrem Diätplan und dem Diättagebuch umkreisen Sie mit einem Rotstift Ihre Sünden. Diese Sünden sind neue Glokkenzeichen im Sinne Pawlows. Für diese neuen Glockenzeichen gilt das, was in Punkt 7 gesagt worden ist.
11. Benützen Sie jedes vernünftige Mittel, das Ihnen hilft, Ihr Gewicht zu reduzieren und dann auf dem reduzierten Niveau zu halten. Die SIS-Methode ist in dem Arsenal der Schlankheitsmittel die wirksamste Waffe. Die SIS-Methode kann auch Ihnen für den Rest Ihres Lebens zu Ihrem Idealgewicht verhelfen.
12. Die SIS-Methode ist unvergleichlich angenehmer und erfolgreicher als alle Methoden, die an die sogenannte »Willenskraft« appellieren.

Tiefer in die vertiefte Entspannung

Eine meiner größten Sünden bei Tisch war die Unachtsamkeit, mit der ich aß oder trank. Ich kaute sehr schnell und kurz. Obwohl ich große Portionen bevorzugte, war ich stets als erster fertig. Ich habe vor meiner Bekanntschaft mit Dr. Waterhouse niemanden erlebt, der rascher seinen Teller blank geputzt hätte als ich. Meine Mutter ahmte manchmal meine Art zu schlingen nach. Ich hielt das Ganze für eine Übertreibung. Mein Vater, ein ernster, zu Späßen nicht aufgelegter Mann, bestätigte mir, daß Mutter eher untertreibe.

Wurde ich beim Essen oder Trinken aufmerksam gemacht, daß ich ein schwindelerregendes Tempo vorlegte, nahm ich mir jedesmal vor, ab sofort vernünftiger zu sein. Spätestens nach einigen Minuten waren die Vorsätze jedoch vergessen, und meine Kauwerkzeuge arbeiteten so schnell, wie sie es gewohnt waren.

Als ich nach der dritten Sitzung bei Dr. Waterhouse zu meinen Freunden nach Elkhart kam, ging ich auf mein Zimmer und legte mich hin. Ich sagte mir: Versuche nicht, von heute auf morgen in all deinen Eß- und Trinkgewohnheiten ein besserer Mensch zu werden. Versuch es Schritt für Schritt, wie Benjamin Franklin. Franklin schrieb sich in sein Notizbuch all die Eigenschaften, die ihn an seinem Charakter störten. Er nahm sich vor, ab sofort alle diese Eigenschaften aufzugeben und dafür gefälligere anzunehmen. Nach einem Jahr zog er Bilanz: Er hatte noch alle seine unerwünschten Eigenschaften, und keine erwünschte war hinzugekommen. Daraufhin entschied er sich, eine *einzige* seiner unliebsamen Eigenschaften abzulegen und daran bis zum Erfolg zu arbeiten. Dann erst wollte er die zweite angehen usw. Mit dieser Methode hatte er Erfolg. Nach und nach wurde er das Vorbild eines vernünftigen Mannes, dessen Lebenserinnerungen mit der Schilderung seiner Persönlichkeitsentwicklung noch heute zur nordamerikanischen Pflichtlektüre zählen.

Damals im Gästezimmer meiner Freunde in Elkhart zog ich die Vorhänge zu und legte mich aufs Bett. Ich nahm mir vor, im Zustand vertiefter Entspannung zunächst nur eines zu lernen: langsam zu essen, langsam zu trinken, Speisen und Getränke zu genießen. Ich suchte mir hinter der normalen Blickrichtung an der Zimmerdecke einen Punkt. Ich weiß es noch wie heute: es war der einzige Ast in der Decke aus Red-Pine-Wood. Die Augen fingen an, müde zu werden und zu brennen. Schließlich fielen sie mir zu. Ich sah mich, wie ich werden wollte, schlank, tailliert, ich sah mich langsam essen und trinken, ich behielt den Wein so lange im Mund, bis seine Säure meine Geschmacksnerven zu beißen begann. Ich sagte mir: Essen, Trinken genießen, Essen, Trinken genießen. Dann muß ich eingeschlafen sein. Ich wurde wach, als der Gong in der Halle ertönte.

Es gab Kidney-pie, eine meiner Lieblingsspeisen, Billy stiftete eine Flasche Kalifornischen Wein dazu, es war zum ersten Mal in meinem Leben, daß ich Kalifornischen Wein trank. Damals schmeckte mir grundsätzlich jeder Wein, süßer, saurer, Tischwein wie Trockenspätlese.

Auch der Kalifornische Wein mundete mir sofort. Aber bereits auf der Treppe nach unten hatte mich irgendetwas in mir erinnert: Essen, Trinken genießen, sagte mir mein kleiner Mann ins Ohr. An jenem Abend feierte nicht nur der Kalifornische Wein bei mir Premiere, an jenem Abend feierte ich auch eine Premiere: zum ersten Mal in meinem Leben aß und trank ich von Anfang bis Ende langsam und »mit Verstand«. Eigenartig, mein Unterkiefer hatte es gar nicht mehr eilig. Ich mußte mich nicht mehr zur Mäßigung zwingen. Ich wurde nicht schneller als Paula und Billy fertig. Während des ganzen Dinners trank ich zwei Gläser. Punkt. Für mich eine Rekordleistung in Mäßigung!
Nach dem Abendessen arbeitete ich an der Übersetzung, dann ging ich ins Bett. Wieder übte ich Augenschluß, und wieder konzentrierte ich mich in vertiefter Entspannung auf langsames, genußvolles Essen und Trinken.
Als ich zum vierten Mal Dr. Waterhouse in seiner Praxis traf, übergab ich ihm die Übersetzung. Ich konnte es mir aber nicht verwehren, ihm gleich von meinem ersten Erfolg mit vertiefter Entspannung zu berichten. »Stellen Sie sich vor, ich kann jetzt langsam essen und trinken.«
Es dauerte einige Sekunden, bis er verstand, wovon ich sprach. Ich erklärte es ihm.
»Ach so«, lachte er auf, »jetzt verstehe ich, was Sie meinen. Alfred, wissen Sie, warum ich damals im Speisewagen auf Sie aufmerksam geworden bin? Durch das unglaubliche Tempo, mit dem Sie das Dinner hinabgewürgt haben.«

Die Technik vertiefter Entspannung

1. Setzen Sie sich in einen Sessel, oder legen Sie sich auf eine Couch oder auf ein Bett. Der Raum soll nicht zu hell sein. Geräusche im Zimmer oder in der Nachbarschaft stören oder lenken Sie ab.
2. Entspannen Sie Ihren Körper. Denken Sie dabei an die einzelnen Körperteile. Sagen Sie sich: meine Stirnmuskel entspannen sich. Meine Wangen entspannen sich. Mein Mund entspannt sich. Meine Nackenmuskulatur entspannt sich. Und so weiter bis zu den Fingern und den Füßen.
3. Konzentrieren Sie sich nun auf Ihre Hände und Beine. Ihre Hände und Beine werden immer schwerer, so schwer, daß sie die Unterlage eindrücken. Ihre Hände und Beine sind so bleiern schwer, daß Sie diese nicht mehr heben können.
4. Achten Sie auf Ihren Atem. Mit jedem Ausatmen spüren Sie, wie Ihr Brustbein tiefer einsinkt, so entspannt sind Sie. Stellen Sie sich vor, an Ihren Füßen befinden sich Ventile. Beim Ausatmen spüren Sie, wie die Luft aus diesen Ventilen weicht. Sie selbst werden immer flacher. Sie »zerfließen wie Butter in der Pfanne«.
5. Ohne Ihre Nackenmuskulatur zu verspannen, suchen Sie sich einen Punkt an der Zimmerdecke oder an der Wand hinter sich. Dieser Punkt sollte Sie dazu zwingen, an Ihrer Stirn vorbei möglichst weit hinter sich zu schauen. Dabei überanstrengen Sie Ihre Augenmuskel und ermüden sie schnell. Üben Sie in einem dunklen Zimmer, etwa nachts, dann denken Sie sich einen Punkt an der Zimmerdecke oder an

der Wand und schauen auf diesen imaginären Punkt. Weichen Ihre Augen von diesem Punkt ab, führen Sie sie sofort wieder auf diesen Punkt zurück.

6. Sie spüren, wie Ihre Augenlider immer schwerer werden. Ihre Augen fangen zu brennen an. Ihre Augen beginnen zu tränen. Schließen Sie Ihre Augen nicht willkürlich, sondern warten Sie, bis Ihre Augen von selber zufallen. Das kann anfangs einige Minuten dauern.
7. Haben sich Ihre Augen von selbst geschlossen, sagen Sie sich: Ich werde heute zehn Minuten in vertiefter Entspannung bleiben. (Sie können natürlich auch nur fünf Minuten oder eine halbe Stunde lang üben, so wie Sie eben Lust und Zeit haben.) Nach diesen zehn Minuten werde ich meine Augen öffnen und mich frisch und hellwach fühlen. Sollte mir während der zehn Minuten Gefahr drohen, zum Beispiel ein Brand ausbrechen, werde ich sofort hellwach sein und den Umständen entsprechend reagieren.
   Wenn Sie vor dem Einschlafen üben, sagen Sie sich: Wenn ich im Zustand vertiefter Entspannung einschlafe, werde ich morgen zu gewohnter Zeit herrlich gestärkt erwachen.
8. Sie geben sich einen zweiten Auftrag: Jedesmal, wenn ich vertiefte Entspannung trainiere, falle ich in einen tieferen Zustand der Entspannung, bis mir die Augen von selbst zufallen, wenn ich bis drei gezählt habe.
9. Wenn Sie wissen wollen, ob Sie sich im Zustand vertiefter Entspannung befinden, dann machen Sie den Schluckzwangtest. Sie suggerieren sich, daß Sie

schlucken müssen, bevor Sie langsam zählend bei zehn angekommen sind. Etwa so: Eins, meine Kehle ist ausgetrocknet. Ich fühle den unwiderstehlichen Drang zu schlucken. Zwei, meine Zunge ist trocken. Ich fühle den unwiderstehlichen Drang zu schlucken. Drei, meine Lippen werden trocken, und ich fühle den unwiderstehlichen Drang zu schlucken. Vier, bevor ich auf zehn gezählt habe, wird der Drang zu schlucken so unwiderstehlich geworden sein, daß ich einmal geschluckt habe. Habe ich geschluckt, werde ich keinen Drang mehr verspüren zu schlukken. Ich werde mich aber nach dem Schlucken in einem noch tieferen Zustand der Entspannung befinden. Fünf, meine Kehle brennt, und ich spüre den unwiderstehlichen Drang zu schlucken usw. Es ist nicht wichtig, daß Sie die Texte der Selbstsuggestion auswendig lernen. Wichtig und unerläßlich aber ist, daß Sie sich recht lebhaft und plastisch vorstellen, was Sie sich sagen. Wenn Sie sich sagen, meine Kehle brennt, dann müssen Sie sich vorstellen, Sie sind in der Wüste und haben seit Tagen keinen Tropfen Wasser mehr getrunken.

10. Beherrschen Sie die Augenschließübung und beherrschen Sie den Schluckzwangtest, dann haben Sie einen Zustand vertiefter Entspannung erreicht, der genügt, damit Ihre folgenden Suggestionen in Ihr Unbewußtes eindringen und dort wirken können.
11. Im Zustand vertiefter Entspannung sehen Sie sich so, als würden Sie bereits so sein, wie Sie einmal sein wollen: schlank, geschmeidig, bewundert, beliebt. Sie sehen, wie Sie bei Tisch langsam und ge-

nießerisch essen und trinken. Sie sehen, wie Sie kleinere Portionen nehmen. Sie sehen, wie Sie eine zweite oder dritte Portion ablehnen, lächelnd und überlegen ablehnen. Sie sehen sich in einem schönen Kleid beziehungsweise in einem schönen auf Taille gearbeiteten Anzug. Also so gekleidet, wie Sie schon lange sein wollten.

12. Neben der Augenschließ- und der Schluckzwangübung werden in diesem Buch noch sechs weitere Übungen beschrieben, mit deren Hilfe Sie den Zustand Ihrer Entspannung noch mehr vertiefen können. Sie brauchen aber diese Übungen nicht zu erlernen, weil die beiden ersten ausreichen, um die Tür zu ihrem Unbewußten zu öffnen. Je tiefer allerdings der Zustand Ihrer Entspannung ist, um so tiefer dringen Ihre Suggestionen in Ihr Unbewußtes ein.

Nennen wir also die Augenschließübung Übung Eins und die Schluckzwangübung Übung Zwei.
Bevor man eine neue Übung angeht, sollte man die vorherige beherrschen. Aber auch diese Regel ist nicht ohne Ausnahmen. Einer bestimmten Person kann z. B. Übung Fünf leichter fallen als Übung Drei oder Vier. Ja, es gibt nicht wenige Menschen, die eine bestimmte Übung überhaupt nicht fertigbringen. Keine Sorge. Ich wiederhole: wenn Ihnen der Augenschluß gelingt, befinden Sie sich in einem ausreichend tiefen Zustand vertiefter Entspannung, damit Ihre formelhaften Vorsätze und Ihr Bildersehen Früchte tragen. Auch wenn Sie glauben, Sie befinden sich nicht in einem ausreichend tiefen

Zustand der Entspannung, geben Sie sich trotzdem Befehle, und sagen Sie sich, daß Sie sich beim nächsten Mal schneller und tiefer entspannen werden. Schon wiederholt konnte ich bei Patienten, die geglaubt hatten, »nichts sei passiert«, feststellen, daß hinterher doch die Wirkung eintrat.

Während man die Entspannungsübungen Eins und Zwei trainiert, soll man dabei die Bildertechnik bereits für die weiteren Entspannungsübungen einsetzen. In vertiefter Entspannung sieht man sich in immer tiefere Stufen der Entspannung kommen. Nochmals: Genauso wichtig ist die zweite Empfehlung: in der vertieften Entspannung suggeriert man sich, daß man bei jeder weiteren Übung eine noch tiefere Entspannung erreicht.

Und nun zu *Übung Drei*: Sie haben Eins und Zwei erfolgreich durchlaufen und befinden sich in einem guten Zustand vertiefter Entspannung. Sie sagen sich jetzt: Spätestens bis ich auf zehn gezählt haben werde, fühle ich ein leichtes Kribbeln oder Pelzigwerden in meiner rechten Hand. Sind Sie Linkshänder, suggerieren Sie sich dieses Gefühl in Ihre Linke. Nun fangen Sie an, ganz langsam zu zählen. Zwischen jeder Zahl praktizieren Sie die Technik des Bildersehens. Sie sehen sich völlig entspannt, Sie erinnern sich, welche Gefühle Sie haben, wenn Ihre Hand einschläft.

Sehr wichtig: Geben Sie sich, sobald Ihre Hand anfängt zu kribbeln oder einzuschlafen, den Auftrag, daß dieses Gefühl völlig verschwunden sein wird, wenn Sie bis 15 gezählt haben. Sie sind nun zur Zahl zehn gekommen. Jetzt sagen Sie sich: Wenn ich bei der Zahl fünfzehn bin, ist jedes ungewöhnliche Gefühl aus meiner rechten (bzw. linken) Hand verschwunden. Elf ... das Kribbeln verschwindet. Zwölf ... es ist fast schon weg. Dreizehn ... meine Hand ist ganz normal. Vierzehn ... Kein Kribbeln mehr. Fünfzehn ... meine Hand ist wie vor der Übung.

Bevor Sie den Zustand vertiefter Entspannung verlassen, sehen Sie sich nochmals, wie Sie den Augenschlußtest gemeistert haben, wie Sie dann den Schluckzwang erlernt haben, wie Sie nun – wenn dies schon der Fall sein sollte – Entspannungsübung Drei beherrschen und wie Sie mit der gleichen Selbstverständlichkeit Übung Vier in den Griff bekommen werden.

Übung Vier können Sie im Sitzen oder im Liegen praktizieren. Sie brauchen sich nicht für die eine oder andere Art zu entscheiden. Ich habe beide Arten erlernt und vor allem von der Übung im Sitzen profitiert – nicht um abzunehmen, sondern um etwas gegen meine kalten Füße zu unternehmen.

Dazu eine kleine Geschichte. Ich stand in einer kalten Winternacht vor einem Dorfbahnhof und wartete auf den Anschlußzug. Wegen starker Schneefälle waren schon mehrere Verspätungen gemeldet worden. Ich hatte Eisbeine. Da fiel mir ein: Mensch, Du kannst doch Deine Füße in vertiefter Entspannung wärmen. Ich setzte mich auf meinen Koffer: In wenigen Minuten hatte ich das Gefühl, in wohlig warmen Zehen zu enden.

Also nun Entspannungsübung Vier: Sie setzen sich etwas breitbeinig hin und legen die Unterarme auf die Oberschenkel. Professor Schultz hat diese Haltung Kut-

schersitz genannt, weil Kutscher, die auf Kunden warten, manchmal so auf ihren Böcken ausruhen. Sie stellen sich nun vor, daß Ihre Füße so schwer werden, daß Sie nicht in der Lage sind, sie vom Boden zu heben, bevor Sie nicht bis 15 gezählt haben. Sie sagen sich: Bis ich bis zehn gezählt habe, werden meine Füße so schwer geworden sein, daß ich sie nicht mehr vom Boden bringe. Eins ... Meine Füße sind ganz entspannt, die Waden sind entspannt, die Oberschenkel sind entspannt. Ich habe in meinen Beinen ein Gefühl der Schwere, Wärme, ein angenehmes Gefühl. Zwei ... meine Füße fühlen sich schon so schwer an, daß ich sie nur mit großer Mühe vom Boden heben könnte. Drei ... Meine Füße sind so schwer, als wären sie in den Boden gewachsen. Meine Füße sind so schwer und fest mit dem Boden verbunden wie die Wurzeln einer Tanne.
Wenn Sie Übung Vier im Liegen praktizieren, dann stellen Sie sich vor, über Ihren Beinen liege eine dicke, schwere, wärmende Decke, die Sie unter die Matratze gesteckt haben, so daß Sie unmöglich Ihre Beine hochheben können.
Setzt das Gefühl der Schwere (und/oder der Wärme) ein, sagen Sie sich: bevor ich nicht bis fünfzehn gezählt habe, kann ich meine Beine nicht heben, so schwer sind sie. Mein ganzer Körper ist völlig entspannt, meine Beine sind so schwer, daß ich sie nicht heben kann. Sie haften auf dem Bett als wären sie mit Eisenringen angeschmiedet.
Haben Sie die Zahl zehn erreicht, können Sie versuchen, Ihre Beine zu heben. Wenn es Ihnen nicht gelingt, befinden Sie sich bereits in einem sehr tiefen Zustand der Entspannung.

Können Sie Ihre Beine nicht heben, sollen Sie sich um Gottes willen darüber nicht aufregen, sondern freuen. Genießen Sie Ihren Erfolg. Sie sehen sich ganz entspannt. Sie sehen sich, wie Sie schlank und rank sind. Sie sagen sich, daß Sie das nächste Mal noch schneller einen noch tieferen Grad der Entspannung erreichen werden.
Dann suggerieren Sie sich: Elf ... das Schweregefühl in meinen Beinen geht weg. Zwölf ... Das Schweregefühl (und das Wärmegefühl, wenn Sie sich dieses suggeriert haben) verläßt meine Beine. Ich werde sie bei der Zahl fünfzehn voll bewegen können. Dreizehn ... ich kann meine Beine schon bewegen. Vierzehn ... ich hebe meine Beine an. Fünfzehn ... ich habe wieder eine vollständige Kontrolle über meinen ganzen Körper, auch über meine Beine. Jetzt gebe ich mir Suggestionen, die nach meiner Entspannungsübung Wirklichkeit werden.
Und Sie geben sich diese Suggestionen. Zum Beispiel: Essen, trinken genießen! Langsam essen! Langsam essen! Alkohol gleichgültig! Oder was Sie sich in Ihrem individuellen Fall vornehmen wollen. Und zum Abschluß sagen Sie sich, daß Sie beim nächsten Mal schneller einen noch tieferen Zustand von Entspannung erreichen werden.

Entspannungsübung Fünf: Sie begeben sich in den Zustand vertiefter Entspannung und stellen sich dann vor, daß eine Fliege über Ihren Handrücken kriecht. Eins ... meine rechte Hand ist ganz entspannt. Sie ist schwer und wohlig warm. Zwei ... ich bin am ganzen Körper entspannt. Ich fühle mich entspannt und wohl. Drei ... Ich fühle ein angenehmes Kribbeln auf dem Rücken meiner rechten Hand. Vier ... Das Kribbeln wird immer stärker. Fünf ... Das Kribbeln fühlt sich an, als ob eine Fliege über meinen Handrücken krabbelt. Sechs ... ich spüre eine Fliege auf meinem Handrücken. Sieben ... Das Gefühl ist ganz deutlich. Jetzt ist sie da, jetzt ist sie dort: (Sie sehen die Fliege auf Ihrem Handrücken herumlaufen.) Acht ... Die Füße der Fliege kitzeln mich. Neun ... Wenn ich meine Hand schüttle, schwirrt die Fliege davon. Zehn ... Ich schüttle meine Hand. Die Fliege ist fort.

Entspannungsübung Sechs: Sie sehen sich im Badeanzug oder in der Badehose oder meinetwegen nackt in der Sonne liegen. Es ist ein herrlicher Tag. Niemand kann Sie dort, wo Sie liegen, stören. Während Sie sich entspannen, sehen Sie, wie eine Wolke vor die Sonne zieht. Nach und nach wird die Haut Ihrer Hände viel wärmer, weil die Wolke die Sonne freigibt. Nun spüren Sie wieder die Sonnenstrahlen warm und angenehm auf der Haut Ihrer Hände. Genießen Sie die Wärme. Wenn ich bis zehn zähle, wird die Sonnenwärme von meinen Händen verschwunden sein. Acht ... usw.

Entspannungsübung Sieben: Statt der Sonnenwärme können Sie ein angenehm kühles Lüftchen auf Ihrer nackten Haut spüren. Sie können sich obendrein vorstellen, Sie riechen die Meeresluft oder Sie riechen Sonnenschutzöl. Sie sehen das Meer, Sie hören die Brandung rauschen. Wie Sie diesen Zustand intensivieren können, haben Sie an den vorhergehenden Beispielen sicher schon erkannt, desgleichen, wie Sie sich wieder in die Wirklichkeit zurückversetzen.

Entspannungsübung Acht: Bei diesem Test kommt es darauf an, in Ihnen das Gefühl zu erzeugen, daß Sie Ihre Augen nicht mehr öffnen können. Viele Menschen glauben, daß die Unfähigkeit, die Augen zu öffnen, gleichbedeutend mit einem sehr tiefen Grad der Selbsthypnose ist. Umgekehrt sagen sie: wer die Augen öffnen kann, befindet sich nicht in einem tiefen Grad der Beeinflussung des Unbewußten.
Solche Ansichten sind, schlicht gesagt, falsch. Hypnotiseure, die ihre Versuchspersonen in tiefste Zustände der Hypnose, z. B. in den Zustand der Schmerzunempfindlichkeit versetzt haben, lassen sie die Augen öffnen und etwas schreiben. Darunter leidet nicht die Intensität des Zugangs zum Unbewußten. Entspannungsübung Acht kann Ihnen mißlingen, und doch können Sie sich in einer sehr tiefen Entspannungsstufe befinden. Sie versetzen sich wieder in einen Zustand der Entspannung und sagen sich: Ich möchte meine Augen öffnen, aber ich fühle mich so angenehm entspannt, daß ich es gar nicht kann. Es würde mich zu sehr anstrengen und mir das angenehme Gefühl der Entspannung nehmen. Meine Augenlider sind so schwer, als wären sie aus Blei. Sie liegen so fest aufeinander, als seien die Ränder zusammengeleimt. Jetzt kann ich sie nicht mehr öffnen. Wenn ich bis drei gezählt habe, sind sie wieder offen. Eins . . . Die Schwere geht aus meinen Augenlidern. Zwei . . . ich kann die Augenlider bewegen. Drei . . . meine Augen sind offen, und ich fühle mich so frisch und erholt wie nach einem gesunden Schlaf.

Natürlich brauchen Sie den Text der einzelnen Übungen, wie ich ihn benützt habe, nicht auswendig zu lernen. Sie müssen den Sinn der Übungen verstehen. Die passenden Worte kommen dann von selbst.
Wenn einem der Augenschluß nicht gelingt, was soll man dann machen, werden Sie vielleicht fragen. Wahrscheinlich liegt hier ein bewußter oder unbewußter Widerstand vor. Darum wiederhole ich die häufigsten Vorurteile und Irrtümer über vertiefte Entspannung oder Hypnose.
Wenn man an vertiefte Entspannung oder Fremdhypnose mit der Einstellung herangeht: wollen mal sehen, was dahinter steckt – wollen mal sehen, was ich damit anfangen kann, dann hat man das Wesen des Unbewußten und den Zugang zum Unbewußten nicht verstanden.
Niemand kann in einen hypnotischen Zustand gezwungen werden. Der Weg ins Unbewußte setzt vollständige Freiwilligkeit voraus. Wer hypnotisiert werden *will* und wer *erwartet*, daß er hypnotisiert werden kann, der wird hypnotisiert. Wer vertiefte Entspannung und ihre an Wunder grenzenden Segnungen erleben *will* und *wer erwartet*, daß auch er von den Vorteilen vertiefter Entspannung profitieren kann, der wird sich leicht in den Zustand vertiefter Entspannung versetzen können. Manche Leute sperren sich gegen Hypnose und gegen vertiefte Entspannung aus zwei Gründen. Sie sagen, nur willensschwache Menschen können hypnotisiert werden und nur Hysterikern gelingt es, sich Sachen einzureden, die gar nicht wahr sind, zum Beispiel zu spüren, eine Fliege krabbelt auf meiner Hand herum, wenn im ganzen Zimmer keine einzige Fliege lebt. Beide Behauptungen sind unsinnig.

Willensstarke Menschen eignen sich besonders gut zur Hypnose oder zu vertiefter Entspannung. Je zuchtvoller ein Mensch ist, je disziplinierter er sich konzentrieren kann, um so leichter erlernt er die vertiefte Entspannung. Am leichtesten finden gut durchtrainierte aktive Sportler Zugang zu Hypnose und vertiefter Entspannung. Die Eignung zur Hypnose und zu vertiefter Entspannung ist viel eher Ausdruck einer konsequenten, gesunden Persönlichkeit als Beweis von Charakterschwäche. Wer nicht hypnotisiert werden kann oder wer den Zugang zu vertiefter Entspannung nicht findet, beweist, daß er geistig unter dem Durchschnitt steht beziehungsweise psychisch nicht gesund ist. Psychiater wissen, daß Psychopathen sehr schwer oder gar nicht zu hypnotisieren sind. Diese Kranken empfinden ganz natürlich eine Abwehr gegen Hypnose. Sie spüren, daß sie sich nicht ihrem Unbewußten hingeben dürfen, weil sie sonst jegliche Kontrolle über sich verlieren könnten.

Im übrigen, auch in der tiefsten Hypnose macht ein Mensch nichts, wozu er im Wachzustand nicht bereit wäre. Die Frauen, die sich in der Hypnose haben verführen lassen, die Individuen, die in der Hypnose das Messer gegen andere gerichtet haben, würden es auch im klarsten Wachbewußtsein getan haben. Nochmals: weder in der Hypnose noch in der tiefsten Stufe der selbst herbeigeführten Entspannung sagt oder tut man etwas, was man im Wachbewußtsein nicht auch tun würde.

Völlig unbegründet ist die gelegentlich anzutreffende Angst, man könnte aus der Hypnose oder aus der vertieften Entspannung nicht mehr erwachen oder mit geistigen und seelischen Dauerschäden wieder zu sich kommen. Wer die Anweisungen befolgt, läuft nicht die allergeringste Gefahr. Sollte ein Übender trotzdem einmal vergessen, sich die Suggestion zu geben, daß er nach der vertieften Entspannung nun wieder ganz frisch und normal wie vor der Übung sein wird, dann kann als Schlimmstes passieren, daß er einige Zeit träge und teilnahmslos herumliegt und mit Kopfschmerzen erwacht.

Eine meiner Patientinnen bewies einen mir zunächst nicht erklärlichen Widerstand gegen Hypnose und vertiefte Entspannung. Nach einem langen Gespräch fand ich heraus, daß sie mit Hypnose schlechte Erfahrungen gemacht hatte. Auf einer Party war eine Art Schaubudenhypnotiseur aufgetreten, der sie zu allerlei albernem Schabernack veranlaßt hatte. Einer der Gäste war ihr Verehrer, den sie sehr liebte. Er schämte sich seiner Freundin und ließ sie fallen. Daher stammte ihre Angst vor Hypnose.

Sehr schwierig sind natürlich die dem Patienten unbewußt gebliebenen Widerstände gegen Hypnose und vertiefte Entspannung aufzudecken und zu beseitigen. Eine häufige Ursache für Mißerfolge ist die Person des Lehrers, der entweder die Hypnose ausführt oder einem die vertiefte Entspannung beibringen will. Wir haben eine unterschiedliche Einstellung zur Autorität. Einer will geführt werden und akzeptiert sofort vernünftige Empfehlungen. Ein anderer protestiert grundsätzlich zunächst gegen alles. Sagt ein Lehrer für vertiefte Entspannung einem seiner Schüler, er solle es so oder so machen, und der Schüler fühlt sich herumkommandiert, dann entsteht auf seiten des Schülers eine Sperre, die

Mißerfolg zeitigt. Betrachtet ein anderer Schüler die sanfte, verständnisvolle Art des Lehrers als Ausdruck von Schwäche oder Unsicherheit, dann ist ebenfalls ein Fehlschlag zu erwarten.
Als ich in den USA das Hypnotisieren lernte, rief mich mein Lehrer an und bat mich, meine neu erlernten Hypnosekenntnisse bei einem Negerbariton zu versuchen, der sich offenbar von ihm nicht hypnotisieren ließ. Wenn es einem alten Routinier wie meinem Lehrer nicht gelingt, wie dann mir, einem Anfänger, sagte ich mir. Trotzdem stürzte ich mich mit dem Mut der Verzweiflung in das Unternehmen: Nach weniger als einer Minute befand sich der Sänger in vertiefter Hypnose.
Ich war sprachlos. Mein Hypnoselehrer erklärte sich den Fall folgendermaßen:
»Dieser bekannte Mann ist ein Vorkämpfer für die Rassengleichheit. Er haßt alle weißen Amerikaner. Ich bin ein weißer Amerikaner. Sein Unbewußtes verbietet ihm zu tun, was ich ihm sage. Sie sind Deutscher. Seit den Tagen der Besatzung ist bekannt, daß die Deutschen keinen großen Unterschied zwischen weißen und schwarzen Besatzern machten. Von Ihnen ließ er sich deswegen leicht hypnotisieren.«
Ja, so einfach und so kompliziert kann das sein.

Zusammenfassung:

1. Es ist bewiesen: Wer sich vornimmt, alle seine unliebsamen (Eß- und Trink-)Angewohnheiten auf einmal zu ändern, wird wahrscheinlich keine einzige ändern. Darum: sich jeweils nur auf *eine* abzulegende Unsitte konzentrieren, bis man sie wirklich losgeworden ist. Dann erst geht man die zweite usw. an.

2. Der unwillkürliche Augenschluß und das unwillkürliche Schlucken sind die ersten und wichtigsten Übungen vertiefter Entspannung. Wer diese Übungen beherrscht, befindet sich in einem solchen Zustand, daß therapeutische Suggestionen wie »Langsam und genußvoll essen« oder »Schokolade und Pralinen gleichgültig« wirken.
3. Glaubt der Übende, er befinde sich nicht im Zustand vertiefter Entspannung, weil eine Übung nicht klappt, so soll er sich trotzdem Suggestionen geben. Sehr oft wirken diese Suggestionen ebenfalls.
4. Bevor man die sechs weiteren Entspannungsübungen angeht, sollte man den Augenschluß und den Schluckzwang beherrschen. Bevor man eine der weiteren Entspannungsübungen in Angriff nimmt, sollte man die jeweils vorherige meistern.
5. Während man Entspannungsübungen Eins und Zwei trainiert, soll man die Bildertechnik bereits für die anderen Übungen einsetzen. In vertiefter Entspannung sieht man sich, in immer tiefere Stufen der Entspannung fallen.

   In der vertieften Entspannung suggeriert man sich, daß man bei jedem weiteren Üben eine noch tiefere Entspannung erreicht.
6. Vergessen Sie *niemals*, sich rechtzeitig eine Desuggestion zu geben. Ein Beispiel: Sie suggerieren sich, daß Ihre Hand zu kribbeln anfängt wenn Sie bis 10 gezählt haben werden. Sobald das gewünschte Phänomen auftritt, sagen Sie sich: das Kribbeln meiner Hand wird völlig verschwunden sein wenn ich bis fünfzehn gezählt habe.

7. Je zuchtvoller ein Mensch ist und je besser er sich konzentrieren kann, um so leichter erlernt er die vertiefte Entspannung und um so besser ist er zu hypnotisieren. Mangelhafte Bildung, geringe Fantasie oder starke seelische Störungen (Schizophrenie, Psychosen usw.) sind die größten Hindernisse auf dem Weg zu vertiefter Entspannung und Hypnose. Am leichtesten finden gut durchtrainierte intelligente Sportler Zugang zu vertiefter Entspannung und zu Hypnose.
8. Auch in tiefster Hypnose kann ein Mensch zu nichts überredet werden, was er nicht auch im Wachbewußtsein tun würde. Die Meldungen über Hypnotisierte, die geraubt und gemordet haben, gehören ins Reich schlechter Romane. Auch in tiefer Hypnose plaudert man nichts aus, was man im Wachzustand nicht auch ausplaudern würde.

Über den Unsinn der Schlankheitskuren

Ernährungswissenschaftler betrachten den Menschen wissenschaftlich, sozusagen als Laboratoriumsratte. Sie sagen: Das haben wir festgestellt. Das ist gut für Dich. Das ist schlecht für Dich. Schau, wie Du mit unseren Erkenntnissen zurechtkommst.

Daß kaum einer mit diesen Erkenntnissen zurechtkommt, beweist das Heer von Molligen und Dicken, die sich schon seit Jahrzehnten mit den gelehrten Empfehlungen der Wissenschaftler herumquälen – und von Monat zu Monat zunehmen.

Jeder Diätplan muß individuell sein. Ich habe noch nie zwei gleiche Diätpläne empfohlen, weil ich noch nie zwei Menschen mit den gleichen Ernährungsproblemen angetroffen habe. Eine Frau, die für sich zu Hause kocht, braucht eine andere Diät als ihre Zwillingsschwester, die im Büro sitzt und mittags in der Kantine ißt.

Jeder Diätplan ist fallspezifisch.

Einige Grundsätze gelten aber für alle, ob dick oder bereits idealgewichtig.

Das Frühstück sollte so reichlich wie möglich sein. Und Sie sollten statt der drei Mahlzeiten wie bisher die zur Verfügung stehenden Kalorien in fünf Etappen zu sich nehmen. In der Tschechoslowakei machte man mit Universitätsstudenten folgenden Versuch: man teilte eine gewisse Anzahl von Studenten in zwei Gruppen ein. Beide Gruppen erhielten die gleiche Anzahl Kalorien.

Die erste Gruppe nahm diese Kalorien mit drei Mahlzeiten ein, die zweite verteilte sie auf fünf Mahlzeiten. Resultat: Nach einer gewissen Zeit hatten die Mitglieder der zweiten Gruppe mehr abgenommen als die der ersten. Klar, Nahrung produziert im Körper Extrawärme, die den Stoffwechsel ankurbelt.
Vorsicht: die Tageskalorien in fünf Portionen aufzustellen, ist aber gefährlich, wenn man sich gern selbst belügt. Ißt man bei fünf Mahlzeiten jedesmal mehr als erlaubt, kommen größere Mengen zusammen, als wenn man nur eine Mahlzeit am Tag zu sich nimmt und dabei über die Stränge haut. Wenn Sie sich also gern belügen, sollten Sie versuchen, während der Schlankheitskur mit wenigen Mahlzeiten am Tag auszukommen.
Im allgemeinen sind aber mehrere Mahlzeiten als drei gesünder, vor allem für ältere Leute, und besonders für solche, die unter Stoffwechselstörungen leiden, wie zum Beispiel Diabetiker oder Menschen mit einer Neigung zur Arterienverkalkung. Einen wichtigen Tip möchte ich Ihnen geben: Heben Sie sich Kalorien für den Abend auf. Es ist leichter, wenn man sich tagsüber sagen kann, ich warte mit dem Essen bis zum Abend, als wenn man sich sagen muß, heute ist nichts mehr drin, weil ich meine Tageskalorien schon verdrückt habe.

Am besten Sie teilen die tägliche Kalorienmenge nach folgendem Schlüssel auf:

1. Frühstück	2. Frühstück	Mittagessen	Zwischenmahlzeit	Abendessen
25 %	5 %	40 %	5 %	25 %

Beträgt die Tagesration 2000 Kalorien, entfallen folgende Sätze auf die einzelnen Mahlzeiten:

1. Frühstück	500 Kalorien
2. Frühstück	100 „
Mittagessen	800 „
Zwischenmahlzeit	100 „
Abendessen	500 „
	2000 Kalorien

Will sich jemand auf nur drei Mahlzeiten beschränken, schlägt er am besten die Kalorien des 2. Frühstücks zum ersten und die der Zwischenmahlzeit zum Abendessen. Wer ein erstes großes Frühstück nicht verträgt oder nicht möchte, sollte beim zweiten Frühstück nachholen, was er beim ersten eingespart hat. Damit tut er auch etwas gegen den Leistungsabfall, der sich vor dem Mittagessen meldet.

Das Mittagessen sollte aus konzentrierter, hochwertiger Nahrung bestehen, das Abendessen aus leicht verdaulichen kalorienärmeren Sachen wie Salaten, Obst, Vollkorn- oder Knäckebrot, Quark und so weiter.

Wie belastend eine schwer verdauliche Ernährung am Abend, womöglich kurz vor dem Schlafengehen, ist, davon wissen Patienten mit Herz- und Kreislaufkomplikationen ein Lied zu singen.

So individuell und fallspezifisch der einzelne Diätplan auch immer sein muß, *erfolgreiche* Diätpläne haben ein paar Punkte gemeinsam.

Erstens: ein Diätplan hat um so mehr Chancen durchgehalten zu werden, je weniger er von der bisherigen Le-

bensweise abzuweichen zwingt. Wer hat denn schon immer geraspelte Karotten, Magermilch, einen halben Teelöffel Bienenhonig und Weizenkeime zur Hand? Und wer hat immer Appetit auf Salat ohne Salz und Öl?
Zweitens: ein Diätplan hat um so mehr Chancen durchgehalten zu werden, je konformer er den landesüblichen Eß- und Trinkgewohnheiten ist. Die meisten Schlankheitsdiäten machen nicht schlank, sie machen die Männer unausstehlich, die Frauen hysterisch und die Gäste zur Plage. Leute mit Übergewicht sind schließlich keine menschlichen Meerschweinchen oder Laboratoriumsratten, mit denen man alles anstellen kann!
Wenn Frau Meier so groß ist wie Frau Huber, dann heißt das noch lange nicht, daß beide das gleiche Gewicht haben müssen. Und schon gar nicht heißt dies, daß beide gleich viel beziehungsweise gleich wenig essen müssen.
Ich habe einmal an einem wissenschaftlichen Test teilgenommen: Wir berechneten den Kalorienverbrauch von verschiedenen Frauen bei der gleichen Tätigkeit, nämlich beim Geländelauf. Da waren Frauen darunter, groß und korpulent. Ich dachte mir, wenn diese Walküren ihre Leiber durch das Gelände schleppen, dann benötigen sie dreimal so viel Kalorien wie die schlanken, die zierlichen. Weit gefehlt! Ich entsinne mich eines kleinen Persönchens, das dreißig Prozent mehr Kalorien verbrauchte wie die dickste der Tanten, die da mitliefen!
Drittens: Ausgeklügelte Speisepläne sind unsinnig, weil sie niemand auf die Dauer einhalten kann. Da wird Ihnen ein Apfel zum Nachtisch erlaubt und mit 75 Kalo-

rien angesetzt. Wie schwer ist der Apfel? Ist er süß oder ist er sauer? Ich will damit nicht sagen, daß es auf einen Apfel mehr oder weniger nicht ankommt. Ich will aber sagen, daß in einem vernünftigen Diätplan Raum sein muß für einen Apfel, ob der nun 50 oder 100 Kalorien zählt.

Viertens: Jeder Mensch reagiert verschieden auf die gleiche Diät: Frau Weiß verliert viel Fett, nimmt aber trotzdem unter ihrer strengen Diät anfangs nicht sonderlich ab. Warum? Bei ihrer Schlankheitsdiät hält sie mehr Wasser als früher zurück. Erst nach einigen Tagen der Diät stellt sich ihr Organismus um und gibt das Zuviel an Wasser ab. Frau Thomas' Körper antwortet auf eine Schlankheitsdiät sofort mit einer übermäßigen Wasserabgabe. Strahlend steht sie schon am übernächsten Morgen auf der Waage. In Wirklichkeit hat sie recht wenig von ihren Fettpolstern verloren. Fräulein Schwarz beginnt eine strenge Schlankheitsdiät kurz vor ihrer Periode. Obwohl sie drei Tage lang hungert, nimmt sie kein Gramm ab. Sie ist verzweifelt. Sie weiß nicht, daß viele Frauen vor und während der Periode Wasser im Körper zurückbehalten. Enttäuscht gibt sie auf.

Fünftens: Viele Diätpläne sind auf einer fettarmen Ernährung aufgebaut. Eine fettarme Diät macht hungrig und nervös. Leute, die fettarm leben, kommen mit irritierter Haut zu mir und berichten dann während der Behandlung, daß sie sich nicht mehr konzentrieren können. Eine fettarme Diät wollen wir unseren Patientinnen und Patienten nicht antun, wenn sie das Ziel auch viel angenehmer erreichen können.

Von allen Diätplänen, die ich kenne, gebe ich dem von

Professor John Yudkin die meisten Erfolgschancen. In einer Kurzformel sagt Yudkin:
Iß soviel Eiweiß und Fett wie Du willst.
Iß sowenig Kohlenhydrate wie möglich.
Du wirst dann bald weniger Fett als zuvor essen.
Alkohol zählt in diesem Fall zu Kohlenhydraten.
Wir haben Teste mit hunderten von Patienten durchgeführt: im Durchschnitt nahmen sie im Tag 1000 Kalorien weniger zu sich, zeigten kein »Entzugssyndrom«, blieben vergnügt und leistungsfähig. Und das Schönste: die meisten der Versuchspersonen aßen schließlich auch weniger Fett.
Meiden Sie Kohlenhydrate so sehr Sie können. Also möglichst wenig Zucker, Schokolade, Pralinen, Teigwaren, Reis, Brot, Kuchen, Torten, Salzstangen usw.
Meiden Sie auch Alkohol, wenigstens so lange, bis Sie Ihr Idealgewicht erzielt haben.
Tagsüber wird es den meisten leichtfallen, auf Alkohol zu verzichten. Trinken Sie bereits tagsüber, sollten Sie sich sowieso einem Arzt anvertrauen. (Natürlich spreche ich hier nicht von Handwerkern und Arbeitern, die mit einem Bier den Durst angehen. Durst, sage ich, nicht gewohnheitsmäßiger Griff zur Flasche.)
Kommen Sie abends nach Hause und befürchten Sie, Ihrem Vorsatz, keinen Alkohol oder nur sehr wenig Alkohol zu trinken, untreu zu werden, dann versetzen Sie sich in vertiefte Entspannung und suggerieren sich: Alkohol gleichgültig. – Erschauen Sie sich, wie Sie mit Genuß etwas anderes trinken: Milch, Selterswasser oder Kräutertee.
Nehmen Sie sich für diese Zeit etwas vor, bei dem Sie

nicht trinken können: Theaterbesuch, Abendgymnastik, Bastelgruppe usw.

Vielleicht lassen Sie sich von Ihrem Arzt ein barbitursäurefreies Schlafmittel verschreiben. Dann gehen Sie abends ins Bett, bevor die Lust zu trinken Sie zu überfallen droht. Sie werden herrlich schlafen – ohne Depressionen, ohne Alkohol und ohne dessen Kalorien. Auch Ihre Leber wird es Ihnen danken.

Grundsätzlich: eine Schlankheitsdiät darf nie auf Kosten des Eiweißes gehen, sondern auf Kosten von Kohlenhydraten und Fetten. Nicht vergessen: Alkohol zählt als Kohlenhydrat!

Salzen Sie weiterhin Ihre Speisen wie bisher, vorausgesetzt, Ihr Arzt hat Ihnen nicht etwas anderes gesagt, weil Sie an einem Herz-Nieren- oder Hochdruckleiden erkrankt sind. Wir haben an einem Universitätsinstitut unsere molligen Patienten in zwei Gruppen eingeteilt: die einen erhielten gesalzene Diät, die anderen möglichst salzfreie Diät. Beide Gruppen nahmen im gleichen Rhythmus ab. Die Salzverzehrer waren aber zufriedener mit der Diät, machten weniger Schwierigkeiten und blieben länger bei ihrem reduzierten Gewicht als die anderen.

Finger weg von Schilddrüsenhormonen und Entwässerungspillen! Finger weg auch von Appetitzüglern! Wer solche Medikamente nimmt, um abzunehmen, erinnert mich an einen, der sein Haus anzündet, um sich zwei Eier zu backen. Unbedenklich können (und sollen) Sie statt mit Zucker mit Süßstoff süßen.

Jetzt, da Sie angefangen haben, die SIS-Methode zu erlernen und Professor Yudkins so vernünftigen, so erfolgreichen und so angenehmen Diätplan kennen, können Sie alle anderen Schlankheitskuren und Abmagerungsexperimente vergessen.

Welcher geistig normale Mensch mit Lebensart wäre auch geneigt, drei Tage lang von Sauerkraut oder Pellkartoffeln oder einen Tag lang nur von Yoghurt zu leben? Die Nulldiät oder das Wasserfasten, wie sie auch heißt, kann direkt schädlich werden, steht nicht immer ein Facharzt neben Ihnen.

Macht es Ihnen aber Spaß, warum sollten Sie dann einen Tag lang nicht von Obst oder Fruchtsäften leben? Immer vorausgesetzt, Sie tun es gern, dann ist auch nichts gegen einen Reistag, einen Quark- oder sonst einen Tag einzuwenden.

Sie wissen, was ein Thermostat ist? Ein Apparat, der eine gewünschte Temperatur in einem Raum aufrechterhält. Sinkt die Temperatur darunter, läßt der Thermostat die Heizung anspringen. Steigt die Temperatur darüber, schaltet der Thermostat die Heizung ab.

Jeder Mensch hat in seiner Hypophyse ein winziges Zentrum, das ihm meldet, jetzt bin ich hungrig, jetzt bin ich satt. Hat man längere Zeit weniger als üblich gegessen, dann genügen geringere Portionen, um einen satt zu machen. Die Leute sagen, der Magen hat sich verkleinert. Das ist falsch. Der Magen verkleinert sich nicht, aber der »Appestat« meldet nicht mehr so schnell Hungergefühl und meldet dafür schneller Sättigung.

Die SIS-Methode erzieht Ihren Appestat zu einer vernünftigen Mäßigkeit. Das ist das beste, was man von der SIS-Methode sagen kann. Oder kennen Sie eine zweite Methode, die Ihnen so tiefgreifend und so angenehm bei Ihrem bisher erfolglosen Kampf gegen unerwünschte Pfunde hilft?

Schlußfolgerungen:

1. Das Frühstück sollte so reichlich wie möglich sein. Wer zum ersten Frühstück nicht viel essen kann, sollte dies beim zweiten Frühstück nachholen.
2. Es ist klinisch bewiesen: Wer seine Tageskalorien statt auf zwei oder drei Mahlzeiten auf fünf aufteilt (erstes Frühstück, zweites Frühstück, Mittagessen, Zwischenmahlzeit, Abendessen) lebt gesünder und setzt weniger Speck an. Ein Vorschlag zur Aufteilung der Tageskalorien: 25 % = erstes Frühstück, 5 % = zweites Frühstück, 40 % = Mittagessen, 5 % = Zwischenmahlzeit, 25 % = Abendessen.
3. Wer sich gern über seine Nahrungsaufnahme belügt, muß besonders gut aufpassen, wenn er mehrmals am Tag ißt: öfter am Tag über die Stränge zu hauen, ergibt mehr Kalorien als dies nur ein- oder zweimal täglich zu tun.
4. Ein Tip: Heben Sie sich Kalorien für das Abendessen auf. Es ist besser, mit dem Essen bis zum Abend zu warten, als sich sagen zu müssen, ich habe meine Tageskalorien bereits weggeputzt.
5. Das Mittagessen sollte aus konzentrierter, hochwertiger Nahrung bestehen, das Abendessen aus leicht verdaulichen, kalorienärmeren Sachen.
6. Der relative Anteil des Eiweißes in der Nahrung muß um so höher sein, je kalorienarmer Sie leben.
7. Eine Schlankheitsdiät darf nie auf Kosten der Eiweißmenge gehen, sondern in erster Linie auf Ko-

sten der Kohlenhydrate und der Fette, vor allem der gesättigten Fettsäuren.

8. Trägt ein Zuviel an Alkohol die Hauptschuld an Ihrem Übergewicht, kann der Verzicht auf Alkohol während einer Schlankheitskur zu Verstimmungen, Nervosität oder gar zu Depressionen führen. Lassen Sie sich von Ihrem Arzt ein gut verträgliches, nicht abhängig machendes Schlafmittel verschreiben.
9. Sogenannter Kochsalzersatz enthält wie Kochsalz Natrium und Chlorid, bindet also Wasser.
10. Kochsalz in vernünftigem Maß genommen, ist einer Reduktionsdiät nicht hinderlich.
11. Wer auf Kochsalz verzichtet, erzielt rasche Scheinerfolge. Er kann in ein, zwei Tagen um mehrere Kilo abnehmen: dies bedeutet Wasserverlust und nicht Fettreduktion. Sobald man wieder Kochsalz verwendet, ist das alte Gewicht wieder da.
12. Aus diesem Grunde ist die Verwendung von Entwässerungstabletten sinnlos. Obendrein ist sie ohne ärztliche Empfehlung und Kontrolle gefährlich.
13. Salzen Sie, wenn immer möglich, die Speisen erst am Tisch. Salz, das während des Kochvorgangs zugesetzt wird, zieht in die Speisen ein. Salzen Sie erst bei Tisch, kommen Sie mit viel weniger Kochsalz aus.
14. Die angenehmste und erfolgreichste Diätformel: Iß soviel Eiweiß und Fett, wie Du willst. Iß sowenig Kohlenhydrate wie möglich. Du wirst dann bald weniger Fett als zuvor essen. Alkohol zählt in diesem Fall zu den Kohlenhydraten.
15. Die SIS-Methode und obige Diätformel setzen auf

die angenehmste Art Ihren »Appestaten« herab. Sie kommen mit weniger aus und werden mit weniger schneller satt.

Sollten Sie jetzt noch Fragen haben, so gebe ich Ihnen gerne Auskunft:

Dr. Alfred Bierach
8993 Nonnenhorn am Bodensee
Telefon (08382) 8159 oder 22209

2. Teil
Tabellen

Normal-, Ideal- und Übergewicht

Bestimmung des Sollgewichts (Normalgewicht) nach der Bornhardtschen Formel:

$$\textit{Normalgewicht} = \frac{\text{Körperlänge} \times \text{mittlerer Brustumfang*)}}{240}$$

Idealgewicht: Normalgewicht weniger 10 %
Fettsucht: ab 20 % Übergewicht

Idealgewicht: Normalgewicht weniger 10 % = Gewicht mit größter Lebenserwartung

Zwicktest: man greift in die Hüfte mit Daumen und Zeigefinger. Ideal ist bei Männern ein Wulst von 2½ cm, bei Frauen von 3½ cm.

*) mittlerer Brustumfang ist die Hälfte der Summe aus Brustumfang nach Einatmung und nach Ausatmung.
Bei Männern wird das Meterband in Höhe der Brustwarzen, bei Frauen unter den Brüsten angelegt.
Beispiel: Brustumfang nach kräftigem Einatmen 96
Brustumfang nach kräftigem Ausatmen 90
Mittlerer Brustumfang = 96 + 90 = 186
186 : 2 = 93

Durchschnitts- und Idealgewicht Erwachsener (Männer)

entnommen »Wissenschaftliche Tabellen« (7. Auflage) der Firma Geigy, Basel

Größe (in Schuhen)	**Durchschnittsgewicht**[1] in Kilogramm (in Hauskleidern)								**Idealgewicht**[2] in Kilogramm (in Hauskleidern), 25 Jahre und älter		
cm	15–16 Jahre	17–19 Jahre	20–24 Jahre	25–29 Jahre	30–39 Jahre	40–49 Jahre	50–59 Jahre	60–69 Jahre	Leichter Körperbau	Mittelschwerer Körperbau	Schwerer Körperbau
153	44,9	51,7	55,7	58,4	59,7	61,1	62,0	60,7			
154	45,6	52,1	56,2	58,9	60,3	61,6	62,5	61,2			
155	46,3	52,6	56,7	59,5	60,8	62,2	63,1	61,7			
156	47,2	53,2	57,2	60,0	61,3	62,7	63,6	62,2			
157	48,1	53,7	57,8	60,5	61,9	63,2	64,1	62,8	50,5–54,2	53,3–58,2	56,9–63,7
158	49,0	54,3	58,4	61,2	62,5	63,9	64,7	63,3	51,1–54,7	53,8–58,9	57,4–64,2
159	49,9	55,1	59,1	61,9	63,2	64,6	65,2	63,9	51,6–55,2	54,3–59,6	58,0–64,8
160	50,8	55,8	59,9	62,6	63,9	65,3	65,8	64,4	52,2–55,8	54,9–60,3	58,5–65,3
161	51,7	56,5	60,6	63,1	64,7	66,0	66,5	65,1	52,7–56,3	55,4–60,9	59,0–66,0
162	52,6	57,2	61,3	63,7	65,4	66,7	67,2	65,8	53,2–56,9	55,9–61,4	59,6–66,7
163	53,5	58,0	61,9	64,2	66,1	67,5	67,9	66,6	53,8–57,4	56,5–61,9	60,1–67,5
164	54,4	58,7	62,5	64,8	66,8	68,2	68,6	67,3	54,3–57,9	57,0–62,5	60,7–68,2
165	55,3	59,4	63,0	65,3	67,5	68,9	69,4	68,0	54,9–58,5	57,6–63,0	61,2–68,9
166	56,1	60,1	63,5	66,0	68,2	69,6	70,0	68,7	55,4–59,2	58,1–63,7	61,7–69,6
167	57,0	60,8	64,1	66,7	68,9	70,3	70,8	69,4	55,9–59,9	58,6–64,4	62,3–70,3
168	57,9	61,6	64,6	67,3	69,7	71,1	71,5	70,2	56,5–60,6	59,2–65,1	62,9–71,1
169	58,8	62,2	65,1	67,9	70,4	72,0	72,4	71,1	57,2–61,3	59,9–65,8	63,6–72,0
170	59,7	62,9	65,7	68,4	71,1	72,9	73,3	72,0	57,9–62,0	60,7–66,6	64,3–72,9
171	60,6	63,6	66,4	69,1	71,8	73,6	74,1	72,7	58,6–62,7	61,4–67,4	65,1–73,8
172	61,5	64,3	67,1	69,8	72,5	74,3	74,8	73,4	59,4–63,4	62,1–68,3	66,0–74,7
173	62,4	65,1	67,8	70,5	73,2	75,0	75,5	74,2	60,1–64,2	62,8–69,1	66,9–75,5
174	63,3	65,8	68,5	71,2	73,9	75,8	76,2	75,1	60,8–64,9	63,5–69,9	67,6–76,2
175	64,2	66,5	69,2	71,9	74,7	76,5	76,9	76,0	61,5–65,6	64,2–70,6	68,3–76,9
176	64,9	67,2	69,9	72,6	75,5	77,3	77,8	76,9	62,2–66,4	64,9–71,3	69,0–77,6
177	65,7	67,9	70,6	73,4	76,4	78,2	78,7	77,8	62,9–67,3	65,7–72,0	69,7–78,4
178	66,4	68,6	71,4	74,1	77,3	79,1	79,6	78,7	63,6–68,2	66,4–72,8	70,4–79,1
179	67,1	69,3	72,1	74,8	78,0	79,8	80,5	79,5	64,4–68,9	67,1–73,6	71,2–80,0
180	67,8	70,1	72,8	75,5	78,7	80,5	81,3	80,4	65,1–69,6	67,8–74,5	71,9–80,9
181	68,5	70,9	73,6	76,3	79,5	81,3	82,2	81,3	65,8–70,3	68,5–75,4	72,7–81,8
182	69,2	71,8	74,5	77,2	80,4	82,2	83,1	82,2	66,5–71,0	69,2–76,3	73,6–82,7
183	70,0	72,7	75,4	78,1	81,3	83,1	84,0	83,1	67,2–71,8	69,9–77,2	74,5–83,6
184	70,9	73,4	76,1	79,0	82,0	83,8	84,7	84,0	67,9–72,5	70,7–78,1	75,2–84,5
185	71,7	74,1	76,8	79,9	82,7	84,5	85,4	84,9	68,6–73,2	71,4–79,0	75,9–85,4
186	72,6	74,8	77,5	80,8	83,5	85,3	86,2	85,8	69,4–74,0	72,1–79,9	76,7–86,2
187	73,5	75,5	78,2	81,7	84,4	86,2	87,1	86,7	70,1–74,9	72,8–80,8	77,6–87,1
188	74,4	76,2	79,0	82,6	85,3	87,1	88,0	87,6	70,8–75,8	73,5–81,7	78,5–88,0
189	75,3	76,9	79,7	83,3	86,2	88,0	88,9	88,5	71,5–76,5	74,4–82,6	79,4–88,9
190	76,2	77,7	80,4	84,0	87,1	88,9	89,8	89,4	72,2–77,2	75,3–83,5	80,3–89,8
191	77,1	78,4	81,0	84,7	88,1	89,9	90,8	90,3	72,9–77,9	76,2–84,4	81,1–90,7
192	78,0	79,1	81,5	85,4	89,2	91,0	91,9	91,4	73,6–78,6	77,1–85,3	81,8–91,6
193	–	79,8	82,1	86,2	90,2	92,0	92,9	92,5	74,4–79,3	78,0–86,1	82,5–92,5
194	–	80,5	82,6	86,9	91,3	93,1	94,0	93,6	75,1–80,1	78,9–87,0	83,2–93,4
195	–	81,2	83,2	87,6	92,4	94,2	95,1	94,6	75,8–80,8	79,8–87,9	84,0–94,3

[1] Nach *Build and Blood Pressure Study*, Band 1, Society of Actuaries, Chicago, 1959, S. 16. Auf metrische Maße umgerechnet.
[2] Nach *Statist. Bull. Metrop. Life Insur.* Co., 40, Nov.-Dez. (1959). Auf metrische Maße umgerechnet. – Idealgewicht: Gewicht mit der höchsten Lebenserwartung.

Durchschnitts- und Idealgewicht Erwachsener (Frauen)

entnommen »Wissenschaftliche Tabellen« (7. Auflage) der Firma Geigy, Basel

Größe (in Schuhen)	Durchschnittsgewicht[1] in Kilogramm (in Hauskleidern)								Idealgewicht[2] in Kilogramm (in Hauskleidern), 25 Jahre und älter		
cm	15–16 Jahre	17–19 Jahre	20–24 Jahre	25–29 Jahre	30–39 Jahre	40–49 Jahre	50–59 Jahre	60–69 Jahre	Leichter Körperbau	Mittelschwerer Körperbau	Schwerer Körperbau
148	44,4	45,3	46,6	48,9	52,4	55,6	56,9	57,8	42,0–44,8	43,3–48,9	47,4–54,3
149	44,9	45,8	47,2	49,4	52,8	55,9	57,3	58,2	42,3–45,4	44,1–49,4	47,8–54,9
150	45,4	46,3	47,7	50,0	53,1	56,3	57,7	58,6	42,7–45,9	44,5–50,0	48,2–55,4
151	46,0	46,9	48,2	50,5	53,7	56,9	58,2	58,9	43,0–46,4	45,1–50,5	48,7–55,9
152	46,5	47,4	48,8	51,0	54,2	57,4	58,8	59,3	43,4–47,0	45,6–51,0	49,2–56,5
153	47,1	48,1	49,4	51,6	54,8	57,9	59,3	59,8	43,9–47,5	46,1–51,6	49,8–57,0
154	47,9	48,8	50,1	52,1	55,3	58,5	59,8	60,3	44,4–48,0	46,7–52,1	50,3–57,6
155	48,6	49,5	50,8	52,6	55,8	59,0	60,4	60,8	44,9–48,6	47,2–52,6	50,8–58,1
156	49,3	50,2	51,3	53,2	56,3	59,5	60,9	61,3	45,4–49,1	47,7–53,2	51,3–58,6
157	50,0	50,9	51,9	53,7	56,9	60,0	61,4	61,9	46,0–49,6	48,2–53,7	51,9–59,1
158	50,6	51,5	52,4	54,3	57,4	60,6	62,1	62,5	46,5–50,2	48,8–54,3	52,4–59,7
159	51,1	52,1	53,0	54,8	58,0	61,1	62,8	63,2	47,1–50,7	49,3–54,8	53,0–60,2
160	51,7	52,6	53,5	55,3	58,5	61,7	63,5	63,9	47,6–51,2	49,9–55,3	53,5–60,8
161	52,2	53,3	54,0	55,9	59,0	62,4	64,2	64,7	48,2–51,8	50,4–56,0	54,0–61,5
162	52,8	54,0	54,6	56,5	59,6	63,1	64,9	65,4	48,7–52,3	51,0–56,8	54,6–62,2
163	53,4	54,8	55,2	57,0	60,1	63,8	65,7	66,1	49,2–52,9	51,5–57,5	55,2–62,9
164	54,1	55,5	55,9	57,7	60,7	64,3	66,4	66,8	49,8–53,4	52,0–58,2	55,9–63,7
165	54,8	56,2	56,6	58,5	61,2	64,8	67,1	67,5	50,3–53,9	52,6–58,9	56,7–64,4
166	55,5	56,7	57,3	59,2	61,9	65,5	67,8	68,2	50,8–54,6	53,3–59,8	57,3–65,1
167	56,2	57,3	58,1	59,9	62,6	66,2	68,5	68,9	51,4–55,3	54,0–60,7	58,1–65,8
168	56,9	57,8	58,7	60,5	63,2	66,9	69,2	69,7	52,0–56,0	54,7–61,5	58,8–66,5
169	57,4	58,3	59,2	61,1	63,8	67,6	69,9	70,4	52,7–56,8	55,4–62,2	59,5–67,2
170	58,0	58,9	59,8	61,6	64,3	68,4	70,6	71,1	53,4–57,5	56,1–62,9	60,2–67,9
171	58,6	59,6	60,5	62,3	65,0	69,1	71,3	71,8	54,1–58,2	56,8–63,6	60,9–68,6
172	59,4	60,3	61,2	63,0	65,7	69,8	72,1	72,5	54,8–58,9	57,5–64,3	61,6–69,3
173	60,1	61,0	61,9	63,7	66,4	70,5	72,8	73,2	55,5–59,6	58,3–65,1	62,3–70,1
174	60,8	61,7	62,6	64,4	67,1	71,2	73,5	73,9	56,3–60,3	59,0–65,8	63,1–70,8
175	61,5	62,4	63,3	65,1	67,9	71,9	74,2	74,7	57,0–61,0	59,7–66,5	63,8–71,5
176	62,2	63,1	64,0	65,8	68,6	72,8	75,1	75,4	57,7–61,9	60,4–67,2	64,5–72,3
177	62,9	63,8	64,7	66,6	69,3	73,7	75,9	76,1	58,4–62,8	61,1–67,8	65,2–73,2
178	63,6	64,6	65,5	67,3	70,0	74,6	76,8	76,8	59,1–63,6	61,8–68,6	65,9–74,1
179	–	65,5	66,4	68,2	70,9	75,5	77,7	–	59,8–64,4	62,5–69,3	66,9–75,0
180	–	66,4	67,3	69,1	71,8	76,4	78,6	–	60,5–65,1	63,3–70,1	67,3–75,9
181	–	67,3	68,2	70,0	72,7	77,2	79,6	–	61,3–65,8	64,0–70,8	68,1–76,8
182	–	68,2	69,1	70,9	73,6	78,1	80,7	–	62,0–66,5	64,7–71,5	68,8–77,7
183	–	69,1	70,0	71,8	74,5	79,0	81,8	–	62,7–67,2	65,4–72,2	69,5–78,6
184	–	70,0	70,9	72,7	75,4	79,9	82,9	–	63,4–67,9	66,1–72,9	70,2–79,5
185	–	70,9	71,8	73,6	76,3	80,8	83,9	–	64,1–68,6	66,8–73,6	70,9–80,4

[1] Nach *Build and Blood Pressure Study*, Band 1, Society of Actuaries, Chicago, 1959, S. 16. Auf metrische Maße umgerechnet.
[2] Nach *Statist. Bull. Metrop. Life Insur. Co.*, 40, Nov.-Dez. (1959). Auf metrische Maße umgerechnet. – Idealgewicht: Gewicht mit der höchsten Lebenserwartung.

Gehalt verschiedener Nahrungsmittel an Hauptnährstoffen*

Früchte und Fruchtsäfte

entnommen »Wissenschaftliche Tabellen« (7. Auflage)
der Firma Geigy, Basel

100 g eßbare Substanz (wenn nicht anders vermerkt) enthalten	Wasser g	Proteine g	Fette: Total g	Fette: Polyen-fettsäuren g	Kohlenhydrate: Total g	Kohlenhydrate: Faserstoffe g	Kalorien kcal
Früchte und Fruchtsäfte							
Ananas *(Ananas sativus)*	86,7	0,4	0,2	-	12,2	0,5	47
In Büchsen, gesüßt	79,9	0,3	0,1	-	19,4	0,3	74
Ananassaft in Büchsen	85,6	0,4	0,1	-	13,5	0,1	55
Äpfel, süß *(Pirus malus)*	84,0	0,3	0,6	-	15,0	0,9	58
Per Kilogramm im Handel	*688*	*2,5*	*4,9*	-	*123*	*7,4*	*476*
Getrocknet	20,4	3	0,7	-	73,6	4,0	281
Apfelmus, gesüßt	75,7	0,2	0,1	-	23,8	0,5	91
Apfelsaft, frisch	86,9	0,1	Spur	-	13	-	47
Aprikosen *(Prunus armeniaca)*	85,3	0,9	0,2	-	12,8	0,6	51
Per Kilogramm im Handel	*802*	*8,5*	*1,9*	-	*120,3*	*5,6*	*479*
In Büchsen, gesüßt	76,9	0,6	0,1	-	22,0	0,4	86
Getrocknet	25,0	5,0	0,5	-	66,5	3,0	260
Avocato *(Persea gratissima)*	73,6	2,2	17,0	2	6,0	1,5	171
Bananen *(Musa sapientum)*	75,7	1,1	0,2	-	22,2	0,6	85
Per Kilogramm im Handel	*514,8*	*7,5*	*1,4*	-	*151,0*	*4,1*	*578*
Birnen *(Pirus communis)*	83,2	0,5	0,4	-	15,5	1,5	61
Per Kilogramm im Handel	*757,1*	*4,6*	*3,6*	-	*141*	*13,7*	*555*
In Büchsen, gesüßt	79,8	0,2	0,2	-	19,6	0,6	76
Brombeeren *(Rubus fruticosus)*	84,5	1,2	0,9	-	12,9	4,1	58
Gefroren, gesüßt	74,3	0,8	0,3	-	24,4	1,8	96
Datteln *(Phoenix dactylifera)*							
Getrocknet	22,5	2,2	0,5	-	72,9	2,3	274
Erdbeeren *(Fragaria sp.)*	89,9	0,7	0,5	-	8,4	1,3	37
Gefroren, gesüßt	75,7	0,4	0,2	-	23,5	0,6	92
Feigen *(Ficus carica)*	81,7	1,2	0,4	-	16,1	1,4	65
Getrocknet	23,0	4,3	1,3	-	69,1	5,6	274
Fruchtcocktail							
In Büchsen	79,6	0,4	0,1	-	19,7	0,4	76
Grapefruit *(Citrus decumana)*	88,4	0,6	0,1	-	9,8	0,5	39
Per Kilogramm im Handel	*433,2*	*2,9*	*0,5*	-	*48*	*2,6*	*191*
In Büchsen, gesüßt	81,1	0,6	0,1	-	17,8	0,2	70
Grapefruitsaft, frisch	89,2	0,4	0,1	-	9,8	0,1	41

* Umrechnung in kJ (Kilojoule); man multipliziere angegebenen Wert mit 4,185 5.

Früchte und Fruchtsäfte

100 g eßbare Substanz (wenn nicht anders vermerkt) enthalten	Wasser	Proteine	Fette: Total	Fette: Polyen-fettsäuren	Kohlenhydrate: Total	Kohlenhydrate: Faserstoffe	Kalorien
	g	g	g	g	g	g	kcal
Heidelbeeren *(Vaccinium myrtillus)*	83,2	0,7	0,5	–	15,3	1,5	62
Gefroren, gesüßt	72,3	0,6	0,3	–	26,5	0,9	105
Himbeeren *(Rubus idaeus)*	84,2	1,2	0,5	–	13,6	3,0	57
Gefroren, gesüßt	74,3	0,7	0,2	–	24,6	2,2	98
Himbeersaft, frisch	88	0,2	0	–	11	Spur	40
Holunderbeeren, schwarz *(Sambucus nigra)*	80,9	2,5	0,5	–	15,9	6,8	42
Johannisbeeren, rote und weiße *(Ribes rubrum)*	85,7	1,4	0,2	–	12,1	3,4	50
Schwarze *(Ribes nigrum)*	82	1,0	0,1	–	16,1	5,7	62
Kakipflaume (chinesische Dattelpflaume) *(Diospyros kaki)*	78,8	0,7	0,4	–	19,7	1,6	77
Kirschen *(Prunus avium)*	83,4	1,2	0,4	–	14,6	0,5	60
Per Kilogramm im Handel	*750,6*	*10,8*	*3,6*	–	*131,4*	*4,5*	*540*
Krannbeeren *(Vaccinium macrocarpon)*	87,9	0,4	0,7	–	10,8	1,4	46
Krannbeerenmus In Büchsen, gesüßt	62,1	0,1	0,2	–	37,5	0,2	146
Limettensaft *(Citrus aurantifolia)*	90,3	0,3	–	–	9,0	–	26
Mandarinen *(Citrus nobilis)*	87	0,8	0,2	–	11,6	0,5	46
Per Kilogramm im Handel	*643,8*	*5,9*	*1,5*	–	*85,8*	*3,7*	*341*
Melonen und Kantalupen *(Cucumis melo)*	91,2	0,7	0,1	–	7,5	0,3	30
Per Kilogramm im Handel	*456*	*3,5*	*0,5*	–	*37,5*	*2,0*	*150*
Oliven, grün *(Olea europaea)* Mariniert	78,2	1,4	12,7	1,0	1,3	1,3	116
Orangen *(Citrus sinensis)*	87,1	1,0	0,2	–	12,2	0,5	49
Per Kilogramm im Handel	*635,8*	*7,3*	*1,5*	–	*89,1*	*3,7*	*358*
Orangensaft, frisch	86	0,6	0,1	–	12,9	0,1	49
Pfirsiche *(Prunus persica)*	86,6	0,6	0,1	–	11,8	0,6	46
Per Kilogramm im Handel	*753,4*	*5,2*	*0,9*	–	*102,7*	*5,2*	*400*
In Büchsen, gesüßt	79,1	0,4	0,1	–	20,1	0,4	78
Getrocknet	25,0	3,0	0,7	–	68,3	3,1	262
Pflaumen *(Prunus domestica)*	85,7	0,7	0,1	–	12,3	0,7	50
Per Kilogramm im Handel	*805,6*	*6,6*	*0,9*	–	*115,6*	*6,6*	*470*
In Büchsen, gesüßt	77,4	0,4	0,1	–	21,6	0,3	83
Getrocknet	28,0	2,1	0,6	–	67,4	1,6	255
Preiselbeeren *(Vaccinium vitis idaea)*	87,4	0,3	0,5	–	11,6	1,7	42

100 g eßbare Substanz (wenn nicht anders vermerkt) enthalten	Wasser	Proteine	Fette: Total	Fette: Polyen-fettsäuren	Kohlen-hydrate: Total	Kohlen-hydrate: Faserstoffe	Kalorien
	g	g	g	g	g	g	kcal
Quitten (*Cydonia oblonga, Cydonia vulgaris*)	84	0,3	0,3	–	14,9	2,4	57
Rosinen (*Vitis vinifera*)	18,0	2,5	0,2	–	77,4	0,9	289
Stachelbeeren (*Ribes grossularia*)	88,9	0,8	0,2	–	9,7	1,9	39
Trauben (*Vitis vinifera*)	81,4	0,6	0,3	–	17,3	0,5	67
Traubensaft	82,9	0,2	Spur	–	16,6	Spur	66
Wassermelonen (*Citrullus vulgaris* var. *colocynthoides*)	92,6	0,5	0,2	–	6,4	0,3	26
Zitronen (*Citrus medica*)	90,1	1,1	0,3	–	8,2	0,4	27
Zitronensaft, frisch	91,0	0,5	0,2	–	8,0	–	25
Zwetschgen (*Prunus domestica*), siehe Pflaumen							
Gemüse							
Artischocken (*Cynara scolymus*)	85,5	2,7	0,2	–	10,6	2,4	49
Bataten (Süßkartoffeln) (*Ipomoea batatas*)	70,6	1,7	0,4	–	26,3	0,7	114
Blumenkohl (*Brassica oleracea* var. *botrytis*)	91,0	2,7	0,2	–	5,2	1,0	27
Bohnen							
Grüne (Gartenbohnen) (*Phaseolus vulgaris*)	90,1	1,9	0,2	–	7,1	1,0	32
Per Kilogramm im Handel	*793*	*16,7*	*1,7*	–	*62,5*	*8,8*	*272*
In Büchsen, ohne Flüssigkeit	91,9	1,4	0,1	–	5,2	1,0	24
Weiße (Bohnensamen) (*Phaseolus vulgaris*)	11,6	21,3	1,6	–	61,6	4,0	338
Limabohnen (*Phaseolus lunatus*)	67,5	8,4	0,5	–	22,1	1,8	123
In Büchsen, ohne Flüssigkeit	74,7	5,4	0,3	–	18,3	1,8	96
Pferdebohnen (Feldbohnen) (*Vicia faba*), getrocknet	12,6	24,0	2,2	–	58,2	5,9	339
Broccoli (Federkohl) (*Brassica oleracea* var. *botrytis*)	89,1	3,6	0,3	–	5,9	1,5	32
Eierfrucht (Aubergine) (*Solanum melongena*)	92,4	1,2	0,2	–	5,6	0,9	25
Endivien (*Cichorium endivia*)	93,1	1,7	0,1	–	4,1	0,9	20
Erbsen (*Pisum sativum*)							
Grün	75,0	6,3	0,4	–	17,0	2,0	84

100 g eßbare Substanz (wenn nicht anders vermerkt) enthalten	Wasser	Proteine	Fette: Total	Fette: Polyen-fettsäuren	Kohlenhydrate: Total	Kohlenhydrate: Faserstoffe	Kalorien
	g	g	g	g	g	g	kcal
Grün, gefroren	80,7	5,4	0,3	–	12,8	1,9	73
Grün, in Büchsen	82,3	3,4	0,4	–	12,7	1,3	67
Getrocknet, Split	9,3	24,2	1,0	–	62,7	1,2	348
Schoten (Kefen, Zuckererbsen)	86,2	2,6	0,1	–	10,5	1,5	53
Fenchel *(Foeniculum vulgare)*	90	1,5	0,1	–	6,4	0,5	27
Gurken *(Cucumis sativus)*	95,6	0,8	0,1	–	3,0	0,6	13
Karotten (Möhren) *(Daucus carota)*	88,6	1,1	0,2	–	9,1	1,0	40
Per Kilogramm im Handel	*726,5*	*9,0*	*1,6*	–	*74,6*	*8,2*	*328*
In Büchsen, ohne Flüssigkeit	91,2	0,8	0,3	–	6,7	0,8	30
Karottensaft, frisch	92,7	0,6	–	–	6,7	0,7	23
Kartoffeln *(Solanum tuberosum)*	79,8	2,1	0,1	–	17,7	0,5	76
Per Kilogramm im Handel	*646,4*	*17,0*	*0,8*	–	*143,4*	*4,1*	*616*
Getrocknet	7,1	8,3	0,6	–	80,4	1,4	352
Chips	1,8	5,3	39,8	–	50,0	1,6	568
Knoblauch, Knollen *(Allium sativum)*	63,8	5,3	0,2	–	29,3	1,1	129
Kohl *(Brassica oleracea)*							
Grünkohl (var. *acephala)*	87,5	4,2	0,8	–	6,0	1,3	38
Rotkohl (Blaukraut) (var. *capitata rubra)*	91,8	1,5	0,2	–	5,9	1,1	26
Weißkohl (Weißkraut) (var. *capitata alba)*	92,1	1,4	0,2	–	5,7	1,5	25
Wirsingkohl (var. *sabauda)*	90,0	3,0	0,4	–	5,6	1,2	31
Kohlrabi *(Brassica oleracea* var. *gongylodes)*, Knollen	90,3	2,0	0,1	–	6,6	1,0	29
Kresse							
Brunnenkresse *(Nasturtium officinale)*	93,3	2,2	0,3	–	3,0	0,7	19
Gartenkresse *(Lepidium sativum* ssp. *sativum)*	89,4	2,6	0,7	–	5,5	1,1	32
Kürbis *(Cucurbita* sp.)	95,0	0,8	0,1	–	3,5	0,6	15
Lauch (Porree) *(Allium porrum)*	87,8	2,0	0,3	–	9,4	1,2	44
Linsen *(Lens esculenta)*							
Getrocknet	11,2	24,7	1,1	–	60,1	3,9	340
Löwenzahnblätter *(Taraxacum officinale)*	85,6	2,7	0,7	–	9,2	1,6	45
Mais *(Zea mays)*, süß	72,7	3,5	1,0	–	22,1	0,7	96
Süß, in Büchsen, ohne Flüssigkeit	75,9	2,6	0,8	–	19,8	0,8	84

100 g eßbare Substanz (wenn nicht anders vermerkt) enthalten	Wasser	Proteine	Fette: Total	Fette: Polyen-fettsäuren	Kohlenhydrate: Total	Kohlenhydrate: Faserstoffe	Kalorien
	g	g	g	g	g	g	kcal
Mangold *(Beta vulgaris* var. *cicla)*	90,8	1,6	0,4	–	5,6	1,0	27
Meerrettich (Kren) *(Armoracia lapathifolia)*	76,6	2,8	0,3	–	18,1	2,8	80
Pastinake *(Pastinaca sativa)*	79,1	1,7	0,5	–	17,5	2,0	76
Petersilie *(Petroselinum crispum)*	85,1	3,6	0,6	–	8,5	1,5	44
Pfefferschote (Paprika), grüne *(Capsicum annuum)*	92,8	1,2	0,2	–	5,3	1,4	24
Portulak *(Portulaca oleracea* var. *sativa)*	92,5	1,7	0,4	–	3,8	0,9	21
Radieschen *(Raphanus sativus)*	93,7	1,1	0,1	–	3,6	0,7	18
Randen, siehe Rüben							
Rhabarber *(Rheum undulatum)*	94,9	0,5	0,1	–	3,8	0,7	16
Rosenkohl *(Brassica oleracea* var. *gemmifera)*	84,8	4,7	0,4	–	8,7	1,2	47
Per Kilogramm im Handel	*627,5*	*34,8*	*3,0*	–	*64,4*	*8,9*	*347,8*
Rüben							
Weiße *(Brassica rapa)*							
Rübe	91,5	1,0	0,2	–	6,6	0,9	30
Blätter	90,3	3,0	0,3	–	5,0	0,8	28
Gelbe Kohlrübe, Steckrübe, Wruke, Unterkohlrabi *(Brassica napus* var. *napobrassica)*							
Rübe	87,0	1,1	0,1	–	11,0	1,1	46
Rote (rote Bete, Rande) *(Beta vulgaris)*							
Rübe	87,3	1,6	0,1	–	9,9	0,8	43
Blätter	90,9	2,2	0,3	–	4,6	1,3	24
Salat							
Kopfsalat *(Lactuca sativa)*	95,1	1,3	0,2	–	2,5	0,5	14
Feldsalat (Pflücksalat) *(Valerianella olitoria)*	93,8	1,8	0,3	–	3,2	0,6	18
Sauerkraut	92,8	1,0	0,2	–	4,0	0,7	18
Schnittlauch *(Allium schoenoprasum)*	91,3	1,8	0,3	–	5,8	1,1	28
Schwarzwurzel *(Scorzonera hispanica)*	79	3,2	0,6	–	16,4	1,8	77
Sellerie *(Apium graveolens)*							
Blätter	94,1	0,9	0,1	–	3,9	0,6	17
Knollen	88,4	1,8	0,3	–	8,5	1,3	40

Gemüse – Pilze – Nüsse

100 g eßbare Substanz (wenn nicht anders vermerkt) enthalten	Wasser	Proteine	Fette		Kohlenhydrate		Kalorien
			Total	Polyenfettsäuren	Total	Faserstoffe	
	g	g	g	g	g	g	kcal
Sojabohnen *(Glycine hispida)*							
Getrocknet	10,0	34,1	17,7	10,7	33,5	4,9	403
Spargel *(Asparagus officinalis)*	92,9	2,1	0,2	-	4,1	0,8	21
Per Kilogramm im Handel	*520,2*	*11,8*	*1,1*	-	*23*	*4,5*	*118*
In Büchsen, ohne Flüssigkeit	92,5	2,4	0,4	-	3,4	0,8	21
Spinat *(Spinacia oleracea)*	90,7	3,2	0,3	-	4,3	0,6	26
Per Kilogramm im Handel	*834,4*	*29,4*	*2,8*	-	*39,6*	5,5	*239*
In Büchsen	93,0	2,0	0,4	-	3,0	0,7	19
Gefroren, ungetaut, Blätter	91,3	3,0	0,3	-	4,2	0,8	25
Tomaten *(Lycopersicon esculentum)*	93,5	1,1	0,2	-	4,7	0,5	22
In Büchsen	93,7	1,0	0,2	-	4,3	0,4	21
Tomatenketchup	68,6	2,0	0,4	-	25,4	0,5	106
Tomatenmark	86,0	2,3	0,5	-	9,5	0,5	44
Tomatensaft, in Büchsen	93,6	0,9	0,1	-	4,3	0,2	19
Zichorien *(Cichorium intybus)*	96,2	0,8	0,1	-	3,7	0,6	16
Zucchetti *(Cucurbita pepo* var. *medullosa)*	94,6	1,2	0,1	-	3,6	0,6	17
Zwiebeln *(Allium cepa)*, reif	89,1	1,5	0,1	-	8,7	0,6	38
Getrocknet	4	8,7	1,3	-	82,1	4,4	350
Pilze							
Champignon *(Psalliota campestris)*	90,8	2,8	0,24	-	3,7	0,9	22
Pfifferling *(Cantharellus cibarius)*	91,5	1,5	0,5	-	3,8	1,0	21
Steinpilz *(Boletus edulis* Bull.)	88,6	2,8	0,4	-	5,9	1,1	31
Getrocknet	11,6	19,7	3,2	-	52	8,1	259
Hefe							
Bierhefe *(Saccharomyces cerevisiae)*, getrocknet	5,0	38,8	1,0	-	38,4	1,7	283
Preßhefe (Bäckerhefe) *(Saccharomyces cerevisiae)*	71,0	12,1	0,4	-	11,0	-	86
Torulahefe *(Torulopsis utilis)*	6,0	38,6	1,0	-	37,0	3,3	277
Nüsse							
Akajounüsse (Cashewnüsse) *(Anacardium occidentale)*, Kerne	5,2	17,2	45,7	3	29,3	1,4	561

Nüsse – Getreide und Mehle

100 g eßbare Substanz (wenn nicht anders vermerkt) enthalten	Wasser	Proteine	Fette: Total	Fette: Polyen-fettsäuren	Kohlenhydrate: Total	Kohlenhydrate: Faserstoffe	Kalorien
	g	g	g	g	g	g	kcal
Erdnüsse *(Arachis hypogaea)*							
Geröstet	1,8	26,2	48,7	14,0	20,6	2,7	582
Erdnußbutter (Erdnußpaste)	1,8	27,8	49,4	11,9	17,2	1,9	581
Haselnüsse *(Corylus avellana)*							
Trocken	6,0	12,7	60,9	23	18	3,5	627
Kastanien *(Castanea sativa)*	48	3,4	1,9	-	45,6	1,3	213
Getrocknet	9,0	6,7	4,1	-	78,8	2,5	378
Kokosnüsse *(Cocos nucifera)*	48	4,2	34	0,6	12,8	3,3	351
Getrocknet	3,5	7,2	64,9	0,6	23,0	3,9	662
Kokosmilch (Kokoswasser)	94,2	0,3	0,2	-	4,7	Spur	22
Mandeln *(Amygdalus communis)*	4,7	18,6	54,2	10,8	19,5	2,6	598
Paranüsse *(Bertholletia excelsa)*	4,6	14,3	66,9	18,4	10,9	3,1	654
Pekannüsse *(Carya illinoinensis)*	3,4	9,2	71,2	14	14,6	2,3	687
Pinienkerne *(Pinus pinea)*	3,1	13,0	60,5	-	20,5	1,1	635
Pistazienkerne *(Pistacia vera)*	5,3	19,3	53,7	10	19,0	1,9	594
Walnüsse *(Juglans regia)*	3,5	14,8	64,0	47,5	15,8	2,1	651
Getreide und Mehle							
Buchweizen *(Fagopyrum esculentum)*, Vollmehl	14,1	11,7	2,7	-	70	2,6	327
Gerste (Perl-) *(Hordeum sp.)*	12,0	9,0	1,4	0,8	76,5	0,8	346
Haferflocken *(Avena sativa)*	10,3	13,8	6,6	2,7	67,6	1,4	387
Mais *(Zea mays)*							
Vollmehl	12,0	7,8	2,6	-	76,8	0,7	368
Grieß	11,0	8,8	1,1	-	78,0	-	365
Corn-flakes	3,8	7,9	0,4	-	85,3	0,7	385
Popcorn	4,0	12,7	5,0	2,0	76,7	2,2	386
Stärke (Maizena)	12,0	0,3	Spur	-	87,9	0,1	362
Reis *(Oryza sativa)*							
Vollreis	12,0	7,5	1,9	-	77,4	0,9	360
Glaciert	12,0	6,7	0,4	-	80,4	0,3	362
Glaciert, gekocht	72,6	2,0	0,1	-	24,2	0,1	109
Roggen *(Secale cereale)*							
Vollmehl	14,3	10,8	1,5	-	71,8	1,7	310
Feinmehl	14,6	7,4	1,14	-	76,0	0,4	336
Soja *(Glycine hispida)*							
Vollfett	8,0	36,7	20,3	-	30,2	2,4	347
Halb entfettet	8,0	43,4	6,7	-	36,6	2,5	264
Tapiokastärke *(Manihot utilissima)*	12,6	0,6	0,2	-	86,4	0,1	360

Getreide und Mehle – Brot und Teigwaren – Zucker, Süßigkeiten – Getränke

100 g eßbare Substanz (wenn nicht anders vermerkt) enthalten			Fette		Kohlenhydrate		
	Wasser g	Proteine g	Total g	Polyenfettsäuren g	Total g	Faserstoffe g	Kalorien kcal
Weizen (*Triticum* sp.)							
Vollmehl	12,6	12,1	2,1	–	71,5	2,1	331
Feinmehl	12,0	10,5	1,0	–	76,1	0,3	363
Grieß	13,1	10,3	0,8	–	76	–	362
Weizenkeime	11,5	26,6	10,9	2,9	46,7	2,5	363
Brote und Teigwaren							
Brötchen (Semmeln)	34,0	6,8	0,5	–	58	0,3	269
Grahambrot	39,7	8,4	1,0	–	49,3	1,1	227
Knäckebrot	7,0	10,1	1,4	–	79	2,0	349
Pumpernickel	34,0	9,1	1,2	–	53,1	1,1	246
Roggenbrot	38,5	6,4	1,0	–	52,7	1,5	227
Weißbrot	38,3	8,2	1,2	–	51	0,9	253
Zwieback	8,5	9,9	4,3	–	76	0,6	389
Eierteigwaren	10,1	13,0	2,9	–	73	0,4	376
Spaghetti	10,4	12,5	1,2	–	75,2	0,3	369
Zucker, Süßigkeiten							
Caramel	7,6	4,0	10,2	–	76,6	0,2	399
Honig	17,2	0,3	0	–	82,3	–	304
Kakao (schwach entölt)	5,6	19,8	24,5	0,4	43,6	5,7	299
Marmelade	29	0,6	0,1	–	70,0	1,0	272
Marzipan	8,8	8,0	18	–	64	–	428
Melasse	24,0	–	–	–	60,0	–	232
Schokolade							
Milchschokolade	0,9	7,7	32,3	–	56,9	0,4	520
Milchfrei, süß	0,9	4,4	35,1	1,2	57,9	0,5	528
Traubenzucker	Spur	0	0	–	99,5	0	385
Zucker							
Unraffiniert	2,1	0	0	–	96,4	–	373
Raffiniert	Spur	0	0	–	99,5	0	385
Getränke							
Kaffee (ungezuckert)	98,5	0,3	0,1	–	0,8	–	5
Tee (ungezuckert)	99	0,1	0	–	0,4	–	2
Bier			Alkohol				
Hell	90,6	0,5	3,6	–	4,8	0	47
Dunkel	–	0,2	3,5	–	5,4	0	48

100 g eßbare Substanz (wenn nicht anders vermerkt) enthalten	Wasser	Proteine	Alkohol		Kohlenhydrate		Kalorien
			Total	Polyen-fettsäuren	Total	Faserstoffe	
	g	g	g	g	g	g	kcal
Branntweine	–	–	35–40	–	–	–	245–280
Cola-Typus	90	–	–	–	10	–	39
Limonaden, durchschnittlich	88	–	–	–	12	0	46
Most (Obstwein)	–	–	5,2	–	1,0	–	40
Portwein	–	0,2	15,0	–	14,0	–	161
Rum	–	–	35,1	–	–	–	246
Wein, durchschnittlich	–	0	8,8–12,5	– –	0,2–8,0	– –	60–120
Whisky (Scotch)	–	–	35	–	–	–	245

100 g eßbare Substanz (wenn nicht anders vermerkt) enthalten	Wasser	Proteine	Fette		Cholesterin	Kohlenhydrate	Kalorien
			Total	Polyen-fettsäuren			
	g	g	g	g	g	g	kcal
Fette und Öle							
Butter	17,4	0,6	81,0	4	0,28	0,7	716
Kokosfett	0,1	0,8	99,0	1,4	0	0,01	878
Lebertran	0	0	99,9	–	0,85	0	901
Margarine	19,7	0,5	78,4	18	–	0,4	698
Mayonnaise	15,1	1,1	78,9	32	–	3,0	718
Öle							
Baumwollsamenöl	Spur	0	99,9	50	0	0	883
Erdnußöl	Spur	0	99,9	29	0	0	883
Färberdistelöl (safflower oil)	Spur	0	99,9	72	0	0	883
Maisöl	Spur	0	99,9	56	0	0	883
Olivenöl	Spur	0	99,9	8	0	0	883
Palmöl	Spur	0	99,9	9	0	0	883
Sojabohnenöl	Spur	0	99,9	60	0	0	883
Sonnenblumenöl	Spur	0	99,9	63	0	0	883
Schweineschmalz	1,0	Spur	99,9	10	0,1	0	901
Senf, braun	78,1	5,9	6,3	–	–	5,3	91

Eier – Milch, Milchprodukte

100 g eßbare Substanz (wenn nicht anders vermerkt) enthalten	Wasser g	Proteine g	Fette: Total g	Fette: Polyen-fettsäuren g	Fette: Cholesterin g	Kohlenhydrate g	Kalorien kcal
Eier							
Hühnereier							
Vollei, roh	74,0	12,8	11,5	2,3	0,46	0,7	162
Eidotter, roh	50,0	16,1	31,9	6,7	1,6	0,6	360
Eiweiß, roh	87,6	10,9	0,2	–	0	0,8	51
1 Ei, mittelgroß (48 g)	*35,5*	*6,1*	*5,5*	*1,1*	*0,22*	*0,4*	*77*
1 Eidotter, mittelgroß (17 g)	*8,5*	*2,8*	*5,4*	*1,1*	*0,22*	*0,1*	*61*
1 Eiweiß, mittelgroß (31 g)	*27,0*	*3,3*	*0,1*	*–*	*0*	*0,3*	*16*
Eipulver	4,1	47,0	41,2	–	2,14	4,1	592
Milch, Milchprodukte							
Milch							
Kamelmilch	87,1	3,7	4,2	–	–	4,1	69
Kuhmilch, frisch	88,5	3,2	3,7	0,1	0,01	4,6	64
Muttermilch	87,7	1,03	4,4	0,3	0,01–0,02	6,9	70
Schafmilch	81,6	5,6	7,5	–	–	4,4	107
Stutenmilch	91,1	2,1	1,25	–	–	6,3	44
Ziegenmilch	86,6	3,6	4,2	–	–	4,8	71
Buttermilch	91,2	3,5	0,5	–	–	4,0	35
Kondensierte Milch							
Gesüßt	27,1	8,1	8,7	0,2	–	54,3	321
Ungesüßt	73,8	7,0	7,9	0,2	–	9,7	138
Magermilch (entrahmte Milch)	90,9	3,5	0,07	–	0,003	4,8	34
Milchpulver							
Aus Vollmilch	2,0	26,4	27,5	0,7	–	38,2	502
Aus entrahmter Milch	3,0	35,9	1,0	–	–	52,0	362
Milchprodukte							
Käse							
Camembert	51,3	18,7	22,8	–	–	1,8	287
Edamer	43,4	26,1	23,6	–	–	3,5	232
Emmentaler	34,9	27,4	30,5	–	–	3,4	398
Parmesan	30,0	36,0	26,0	–	–	2,9	393
Rahmkäse	50,5	14,6	30,5	–	–	1,9	338
Roquefort	40,0	21,0	32,0	–	–	1,8	378
Schmelzkäse (45 % Fett i. T.)	51,3	14,4	23,6	–	–	6,1	293
Molke	93,3	0,9	0,3	–	–	4,7	25
Quark							

100 g eßbare Substanz (wenn nicht anders vermerkt) enthalten	Wasser	Proteine	Fette: Total	Fette: Polyen-fettsäuren	Fette: Cholesterin	Kohlenhydrate	Kalorien
	g	g	g	g	g	g	kcal
Fett	70	14	14	–	–	4	198
Mager	79,4	17,2	0,6	–	–	1,8	86
Schlagrahm (Sahne), 30 %	64,1	2,2	30,4	0,8	–	2,9	288
Yoghurt	86,1	4,8	3,8	–	–	4,5	71
Fleisch							
Ente	54,0	16	28,6	6,9	0,07	0	326
Gans	51,0	16,4	31,5	2,5	–	0	354
Leber	66	17	10	–	0,49	5,5	184
Hase	73	22,3	0,9	–	0,08	0,2	103
Huhn (Brathuhn)							
Poulet	72,7	20,6	5,6	1,2	0,09	–	138
Leber	72,2	19,7	3,7	1,0	0,20	2,9	141
Magen	78,4	18,3	0,4	–	–	–	–
Kalb							
Schlegel	68,0	19,1	12,0	0,8	0,065	0	190
Kotelettstück	70,0	19,5	9,0	0,6	–	0	164
Herz	78,3	12,2	7,6	0,5	–	0,8	124
Hirn	79,4	10,2	8,3	–	–	0,8	122
Leber	70,7	19,2	4,7	–	0,36	4,1	140
Niere	75,0	16,7	6,4	0,18	–	0,8	132
Thymus (Milke, Bries)	75	19,6	3,0	–	0,28	0	111
Zunge	74,3	18,5	5,3	–	–	0,9	130
Kaninchen	70,4	20,4	8,0	1,5	0,12	0	159
Lamm (Hammel)							
Schlegel	64,0	18,0	18,0	0,5	0,07	0	239
Kotelettstück	52,0	14,9	32,0	0,7	0,07	0	352
Leber	70,8	21,0	3,9	–	0,12	2,9	136
Nieren	77,7	16,8	3,3	–	–	0,9	105
Pferd, Muskelfleisch	74,3	21,7	2,6	–	–	0,9	120
Reh, Muskelfleisch	73,0	21,4	3,6	0,3	–	0	124
Rind							
Filet	75,1	19,2	4,4	–	–	–	122
Lende	62,7	16,4	19,2	0,4	0,12	–	243
Schlegel	69,0	19,5	12,5	0,3	0,12	–	196
Getrocknet, gesalzen	47,7	34,3	6,3	–	0,23	0	203
Corned Beef	59,3	25,3	12,0	–	–	0	216
Euter	64,9	15,4	18,7	–	–	0	234
Herz	75,5	16,8	6,0	0,2	0,15	0,6	128
Hirn	79,4	10,4	8,0	–	2,36	0,8	120

Fleisch – Wurstwaren – Fleisch von Kaltblütern

100 g eßbare Substanz (wenn nicht anders vermerkt) enthalten	Wasser	Proteine	Fette: Total	Fette: Polyenfettsäuren	Fette: Cholesterin	Kohlenhydrate	Kalorien
	g	g	g	g	g	g	kcal
Kutteln	78	19,0	2,0	–	0,15	0	99
Leber	69,9	19,7	3,8	0,7	0,32	5,9	136
Lunge	80,1	16,9	2,0	–	0,35	Spur	90
Milz	77	18,1	3,4	–	–	Spur	108
Niere	75,9	15,4	6,7	–	0,41	0,9	130
Pankreas	70,6	14,6	12,3	–	–	Spur	173
Zunge	68,0	16,4	15,0	–	–	0,4	207
Schwein							
Filet	71,2	18,6	9,9	–	–	–	168
Kamm	52,6	14,6	32,0	1,6	0,10	0	351
Kotelettstück	53,9	15,2	30,6	2,8	0,07	0	341
Schinken (Schlegel), roh	53,0	15,2	31,0	–	0,07–0,1	0	345
Gesalzen, gekocht	57,0	19,5	20,6	2,0	0,07	0	269
Geräuchert, roh	42,0	16,9	35,0	–	0,11	0,3	389
Geräuchert, in Büchsen	65,0	18,3	12,3	–	0,07	1,5	193
Speck, durchwachsen	20,0	9,1	65,0	6,5	0,22	Spur	625
Herz	76,8	16,9	4,8	0,27	–	0,4	117
Hirn	78,0	10,6	9,0	–	–	Spur	126
Leber	71,6	20,6	4,8	–	–	2,6	131
Niere	77,8	16,3	5,2	0,29	–	0,8	120
Zunge	66,1	16,8	15,6	–	–	0,5	215
Truthahn	64,2	20,1	14,7	3,0	0,015	0,4	218
Wal	71	20,6	4,0	–	–	1	125
Ziege, Muskelfleisch	70	18,7	9,4	0,4	–	0	165
Wurstwaren							
Frankfurter, Cervelats	55,6	12,5	27,6	–	–	1,8	256
Mortadella	52,3	12,4	32,8	–	–	–	349
Salami (deutsche)	27,7	17,8	49,7	–	–	–	524
Weißwurst (Münchner)	65,2	11,1	21,7	–	–	–	241
Dosenwürstchen	65,7	13,0	19,6	–	–	–	232
Gelatine, trocken	13,0	85,6	0,1	–	–	0	335
Fleisch von Kaltblütern							
Aal (*Anguilla anguilla*)	60,7	12,7	25,6	–	0,05	0	285
Geräuchert	50,3	18,6	27,8	–	–	0,8	333
Austern (*Ostrea* sp.)	83,0	9,0	1,2	–	0,11–0,33	4,8	68

Fleisch von Kaltblütern

100 g eßbare Substanz (wenn nicht anders vermerkt) enthalten	Wasser g	Proteine g	Fette: Total g	Fette: Polyen-fettsäuren g	Fette: Cholesterin g	Kohlenhydrate g	Kalorien kcal
Barsch (Flußbarsch) *(Perca fluviatilis)*	79,5	18,4	0,8	–	0,07	0	86
Flunder *(Platichthys flesus, Pleuronectes flesus)*	81,3	16,7	0,8	–	0,06	0	79
Forelle *(Salmo trutta)*	77,6	19,2	2,1	–	–	0	101
Froschschenkel *(Rana* sp.*)*	81,9	16,4	0,3	–	0,04	0	73
Garnelen (Crevetten) *(Crangon* sp.)	78,2	18,7	2,2	–	0,14	–	97
In Büchsen	70,4	24,2	1,1	–	0,15	0,7	116
Hecht *(Esox lucius)*	80,2	18,2	1,2	–	–	0	89
Heilbutt *(Hippoglossus hippoglossus)*	75,2	18,6	5,2	–	0,06	0	126
Hering *(Clupea harengus)*	62,8	17,3	18,8	–	–	0	243
Mariniert (Bismarckhering)	60,2	18,3	14	–	–	–	204
Geräuchert (Bückling)	61,0	22,2	12,9	–	–	0	211
Hummer *(Homarus vulgaris)*	78,5	16,9	1,9	–	0,20	0,5	91
Kabeljau (Dorsch) *(Cadus callarias)*	81,2	17,6	0,3	–	0,05	0	78
Kammuschel, Pilgermuschel *(Pecten* sp.*)*	79,8	15,3	0,2	–	–	3,3	79
Karpfen *(Cyprinus carpio)*	72,4	18,9	7,1	–	–	0	145
Kaviar *(Acipenser* sp., *Huso huso)*	46,0	26,9	15,0	–	0,3	3,3	262
Krabbe (Riesenkrabbe) *(Cancer pagurus)*, in Büchsen	77,2	17,4	2,5	–	0,15	1,1	101
Lachs (Salm) *(Salmo salar)*	65,5	19,9	13,6	5,3	0,06	0	208
Geräuchert	58,9	21,6	9,3	–	–	0	176
In Büchsen	64,2	21,7	12,2	–	–	0	203
Makrele *(Scomber scombrus)*	67,2	19,0	12,2	–	0,08	0	191
Geräuchert	59,4	23,8	13,0	–	–	0	219
(Mies)muscheln (Moule) *(Mytilus edulis)*	84,1	11,7	1,9	–	0,15	2,2	76
Rotbarsch, großer *(Sebastes marinus)*	77,9	18,9	3,0	–	–	0	108
Sardinen *(Sardina pilchardus sardina)*							
In Büchsen, ganzer Inhalt	50,6	20,6	24,4	–	–	0,6	311
In Büchsen, ohne überschüssiges Öl	61,8	24,0	11,1	3	0,07	1,2	124
Schellfisch *(Melanogrammus aeglefinus)*	80,5	18,3	0,1	–	0,06	0	79

Fleisch von Kaltblütern

100 g eßbare Substanz (wenn nicht anders vermerkt) enthalten	Wasser	Proteine	Fette			Kohlenhydrate	Kalorien
			Total	Polyen-fettsäuren	Cholesterin		
	g	g	g	g	g	g	kcal
Schnecken *(Helix)*	82	15	0,8	–	–	2	75
Seezunge (Sole) *(Solea solea)* (siehe Werte für Flunder)							
Steckmuschel (Klaffmuschel) *(Mya arenaria)*	83,1	10,5	1,3	–	0,12	3,1	70
Thunfisch *(Thunnus thynnus)*							
In Büchsen	52,5	23,8	20,9	–	–	0	290
Tintenfisch *(Sepia officinalis)*	82,2	15,3	0,8	–	0,17	0	73
Zander *(Lucioperca lucioperca)*	78,4	19,2	0,7	–	–	0,45	90

Gewissenserforschung

Wann essen Sie mehr als Sie sollen oder wollen?

1. Bei der Entspannung
   Abends allein aufsein, wenn die anderen schlafen
   Beim Fernsehen
   Bei Einladungen zu Hause
   Bei Einladungen bei Freunden
   Sofort nach dem Eintreffen zu Hause, zum Beispiel nach der Arbeit.

2. Bei Routinetätigkeiten
   Briefschreiben, Lesen, Diktieren, Studieren, Nähen, Kochen, Hausarbeiten, Autofahren.

3. In Streß-Situationen
   Bei Zeitdruck
   »Schnell eine Kleinigkeit« aus Zeitmangel
   Eine Wurst oder ein Bierchen am Kiosk

4. Auf Reisen
   Essen in Restaurants
   Essen auf Firmenkosten
   Erproben von Spezialitäten der Gegend

5. Verführungen zum Essen
   Kochen als Hobby
   Einkaufen und Probieren beim Heimkommen
   Tischabräumen und Überreste verzehren
   Öffnen des Kühlschranks
   Anderen beim Essen zuschauen.

6. Essen als Ersatzbefriedigung
   Ärger über Familienangehörige
   Ärger über Freunde und Bekannte
   Ärger im Beruf
   Gefühl der Einsamkeit
   Belohnung für einen anstrengenden Tag
   In Krisensituationen